CHECK POINT!

1 レイアップシュートよりもやや深い位置で踏み切る
2 ベースライン側の腕でシュートするのがセオリー
3 目線をゴールリングに向けて正確にコントロールする

POINT❷
ベースライン側の手でボールを持ち、逆の腕も同じように上げる。

POINT❸
ゴールリングから目を離さず、ボックスを狙って背面にシュート。

や深めに踏
ライン側の
ー。逆の腕
できるため、
リリースで
、手首のス
転をかけて

+α で差がつく！

真上にジャンプして軸を保つ

ジャンプが前（進行方向）に流れると、ゴールとの距離感をつかめなくなりシュートを失敗しやすくなる。真上にジャンプすることを意識して、体の軸をまっすぐ保つことが重要だ。左右両方の手でシュートできるように、バックシュートの技術を磨くことも大切。

33

3

PART3　ドリブル

PART4　パス

PART5　ディフェンス

PART6 実戦テクニック

PART7 部の運営

PART 1

強豪校の
必勝ノウハウ

A ANSWER 勝利を目指す取り組みのなかで 人間性を養う

インターハイとウィンターカップをそれぞれ2度制している東洋大学京北高等学校男子バスケットボール部。全国屈指の強豪校を率いる田渡 優監督が、チーム・選手がレベルアップするための方法をアドバイス！

勝利への取り組みが人格形成につながる

田渡優監督：部・チームのレベルによって目指す目標は変わってくるでしょう。強豪校は全国優勝を狙いますし、地域の大会の優勝を目標にするチーム、目の前の一勝を目指すチームなどさまざまです。しかし、目標をどこに設定していても、勝利を目指すという点では同じです。"**自分たちが練習で培ったものを**

コート上で表現して勝利する"ということが、全てのチームが共通して目指すところになります。

　部活動は教育の一環でもありますから、勝利を目指すなかでチームワークや団結心、自己犠牲などの精神を磨いてもらいたいと思います。スポーツの取り組みを通して、将来に向けての人格

勝利を目指す取り組みが、
人格の形成につながる。

形成をすることも部活動の目的のひとつといえます。

京北高校バスケットボール部の約束事のひとつに、“声を出す”ことがあります。これは試合で必要な声をしっかりと出すための日常からの訓練が主な目的ですが、規律や礼儀を身につける機会にもなっています。**チームを強くするための約束事が、結果的に個々の人間的な成長にもなるのです。**

自分にとって ベストな環境を選ぶ

高いレベルまで上達するためには、学校・チーム選びが重要になります。**しっかりとした指導をしてもらえる環境に身を置くのがベストです。同じ練習時間でも、その質が高ければ多くを得ることができるのです。**

インターネットで検索すれば、大会の結果や試合展開を知ることができるので、自分のスタイルに合った学校を調べると良いでしょう。インターハイやウィンターカップなど全国規模の大会に足を運び、実際に目で見るのも方法のひとつです。

強豪校に入ったものの、三年間をスタンド観戦で終えてしまうケースもあるので難しいところです。全国レベルで通用する能力を持っていても、同じポジションに日本一のプレーヤーがいたら試合には出られません。強豪チームに行ってチャレンジするのか、ややレベルを下げて試合により多く出ることを選ぶのか、選択肢はさまざまです。

ただ、最初から控えメンバーになると決めつけるのはよくありません。部員全員にレギュラーになるチャンスはあるのですから、**どのような環境でも努力を惜しまずスターティングメンバーを目指してください。**

理解力を培って
トップレベルを目指す

　レベルアップを目指す上では、"理解力"の向上を心がけましょう。これは"戦術や指導者の指示を理解し、実行する力"を指します。バスケットボールはチームワークで戦う競技であり、指導者の考えをコート上で実践するのがプレーヤーの役目です。指導者の求めているものを理解し、その枠組みのなかで自分の力を発揮できてこそ、トップレベルの選手へと成長できます。

　技術面では、多くのことができるようにテクニックを身につけていくことが大切です。現代のバスケットボールは各ポジションの担う役割が増え、オールラウンダーが当たり前になっています。得意なプレーが一つしかないプレーヤーは、高校まではギリギリ通用するかもしれませんが、それ以上のカテゴリーでは確実にとめられてしまうのです。

　一連の技術をしっかりとこなせることが重要です。オフェンスでいえば、アウトサイドからシュートする、ディフェンスがきたらドライブでかわす、ドライブにヘルプがきたらパスをさばく、といったプレーになります。どれも基本的な技術ですが、これらを全て高いレベルでこなせるようになれば、プレーヤーとしての幅が大きく広がります。

漫然とプレーするのではなく、
常に思考することで"理解力"を養う。

Q.02 上達するための意識・メンタルとは？

A ANSWER コートでは常に 100%で プレーする

部員全員がモチベーションを高く持つ

　チームには当然、レギュラーメンバーと控えメンバーがいます。それぞれがモチベーションを落とさず、より向上していくために意識を高く持って取り組むことが大切です。**レギュラーは常に、自分の立場を理解して試合でも練習でも**

チームの手本にならなければなりません。責任感と自覚を持ち、「控えメンバーに負けない、追い越されないぞ」という心持ちでいなければなりません。

　控えメンバーはレギュラーに勝つことを目指し、「レギュラー以上に練習をしなければ追いつけない」という気持ちで練習に取り組みます。**試合では自分が起用されたらどのようにプレーするか、**

反復練習で
技術を習得し、
試合に活かす。

は、ジョーカーになる資質があるといえるでしょう。

一生懸命にプレーをして
メンタルを育む

　部員たちには**「コートに入って一生懸命やるのは当たり前で、監督が見ていないからと手を抜くような考えのプレーヤーは上達しない」**と常に伝えています。100%のプレーで練習に取り組ませ、ミスがあったらその都度指摘して同じ練習を反復させます。そうして身につけた技術を試合で活かせると自信になり、さらに上達したいというモチベーションになります。

　ときには、部員を強い口調で叱ることもあります。**精神的なプレッシャーを与えることで、メンタルを育むことが狙いです**。今の子どもたちは昔に比べて叱られる機会があまりなく、メンタルを鍛えにくい環境といえます。日常生活で感じるプレッシャーが少ない分、部活動で与えるようにしているのです。

　実際、プレッシャーを跳ねのけて上達の糧にできる選手は成長します。下級生の頃は泣き言をいっていたのに、何度もプレッシャーをかけられることでメンタルが育ち、跳ねのけられるようになるケースもあります。もちろん、褒めるべきところはしっかりと褒め、メリハリをつけてメンタルの強化にあたっています。壁に当たっても強いメンタルでそれを乗り越え、さらに上へとレベルアップしてください。

分析しながら観戦・応援をします。指導者が何を求めて自分を使うのか、選手交代の意図などを理解していれば、指導者の考えをコート上で実行できます。起用に応えられるプレーヤーは徐々に出場時間が伸び、レギュラーになるチャンスも出てくるでしょう。

　選手起用では、6番目のプレーヤー（シックスマン）を非常に大事にしています。ベンチにレギュラーと同じレベルの能力を持つプレーヤーがいると、レギュラーを休ませることができ、戦術の幅も広がります。このポジションを私は"ジョーカー"と呼び、レギュラーと同等の存在として扱っています。3つ程度のポジションをこなせるプレーヤー

CHECK POINT !	1	練習で培ったものを試合で出し勝利を目指す
	2	勝利を目指す取り組みで人間性を養う
	3	上達できる環境を選ぶ
	4	レギュラーを目指して努力する
	5	理解力のあるプレーヤーへと成長する
	6	多くの技術を練習で身につける
	7	レギュラーは責任感・自覚を持つ
	8	控え選手は試合を分析しながら見る
	9	一生懸命プレーすることが大前提
	10	プレッシャーがメンタル強化につながる

A ANSWER 守備をベースに速攻で 得点を奪う

CHECK POINT！

1 ボールマンに対して5人で守る
2 奪うより守る意識を持つ
3 1対0が最も有効な攻撃

ディフェンスから入るラン＆ガン戦術

　京北高校バスケットボール部は、伝統的にラン＆ガン戦術を用いる。ファーストブレーク（速攻）による攻撃を主体とする戦術で、相手ディフェンスが整っていないところに素早く攻め込むことで攻撃の成功率を高められる。

　ポイントは、ディフェンスをベースに考えること。**有効なオフェンスは良い****ディフェンスがあってこそ成り立つもので、" 守備から入って攻撃に移る " 意識を持つ。**ディフェンスでは、第一に相手オフェンスを自陣のゴールから遠い位置でとめることを考える。効果的な位置どりとローテーションで、相手がシュートに持ち込めないように苦しめ、オフェンスタイムを消費させる。

POINT ① 相手ボールマンを 5人全員で守る意識

ボールマン

マンツーマンのディフェンスでは、各プレーヤーがそれぞれのマークマンにつくが、常に相手ボールマンを5人で守る意識を持つことが大切。これによりボールマンをマークするプレーヤーが抜かれたとしても、別のプレーヤーが素早くヘルプに入れる。

POINT ② 相手をストップさせ 無理に奪いに行かない

相手をとめて、守り切ることを意識してディフェンスする。無理にボールを奪おうとすると、そのスキにかわされる危険性がある。数的不利の状況となり、失点のリスクが増すので注意。ボールを奪いに行く戦術は、相手チームとの力量に差がないと難しい。

POINT ③ 1対0でシュートできる ファーストブレーク

守備から攻撃に切り替わると同時に、素早く相手ゴールに攻め込むファーストブレーク（速攻）は、成功率が高いオフェンス戦術。速攻のパターンを身につけて、最も得点を奪いやすいゴールに対して1対0の状況を作り出そう。

＋αで差がつく！

5対5が最も攻めづらい

攻めのスピードが遅いと、その分ディフェンスも増える。ディフェンスの数が多いほどオフェンスは難しくなる。完全にディフェンスが整った相手に対する攻撃を"セットオフェンス"といい、5対5となるため精度の高いオフェンスパターンが必要になる。ファーストブレークが失敗した場面を想定して、パターンを作っておくべき。

A ANSWER 位置どりとローテーションを練習する

CHECK POINT!
1 ボールをインサイドに入れない練習
2 毎日欠かさず取り組む

4対4で行うシェルディフェンス練習

　ディフェンスでは、一人一人がその状況でオフェンスに対して良い位置どりをすることが大切だ。また、ボールマンをマークするプレーヤーが抜かれた場合には別のプレーヤーがヘルプに行き、その移動に合わせてローテーションをすることでディフェンスの陣形を崩さずキープする。

　これらの動きの習得に有効なのが、シェルディフェンスだ。相手オフェンスのアウトサイドでのパス回しやドライブ、カットなどに対する守りを習得する総合練習で、正確に守れるようになるとディフェンスが強固になる。しかし身につけるのは難しく、毎日取り組んで徐々に体に覚え込ませることが大切だ。

16

アウトサイドに4人のオフェンスが入り、ディフェンス4人はそれぞれをマークする。①OF3がOF2にパスを出す。②OF2がOF1にパスを出す。DF4がポストを経由してゴール下へケアに入る。③OF1がゴールへとドリブル。DF4がヘルプでクローズアウトする。④OF1からOF3にパス。DF1～3がそれぞれポジションを一つずつローテーション。

⑤OF3がドリブルでインサイドに入る。DF3がマークにつく。⑥OF3はOF4にパスする。

ここでもインサイドに入れないように守り、ボールを奪ったらファーストブレークをしかけてシュートに持ち込む。

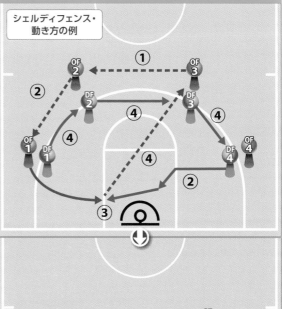

シェルディフェンス・動き方の例

ボールを奪ったら速攻。

POINT
2 練習メニューに
毎日取り入れる

シェルディフェンスを正確に実践できるまでマスターするには時間がかかる。毎日の練習メニューに取り入れて、反復して体で覚えると良い。時間は10分間程度でOKだが、毎日欠かさず練習すること。時間を空けるとディフェンスの感覚を失ってしまうおそれがある。

A
ANSWER
コートを往復しながらオフェンスを反復練習する

CHECK POINT！

1 ウィングを使う速攻
2 タテに速くつなぐ速攻
3 5人で攻めるセットオフェンス

3種類のオフェンスを連続で行う練習

　チームで戦術のパターンを練習しておくと、試合で攻守の切り替えと同時に素早くファーストブレークをしかけられるようになる。練習では、異なるオフェンスパターンをコートを往復しながら繰り返す方法が効果的。**反復練習によって、それぞれのパターンを体に覚え込ませることができる。**

　ここではウィングを使うファーストブレーク、タテにつなぐファーストブレーク、ファーストブレークができなかった場合のセットオフェンスの3パターンを解説する。3つを連続で行うと1往復半となるので、それを4回繰り返そう。オフェンスパターンにアレンジを加え、バリエーションを増やしてもOKだ。

① ウィングを使ったファーストブレーク

　ゴール下に5人がそれぞれポジションにつく。①
4がリバウンドをとり、体をフロントコートに向け
てパスを出す準備をする。②2と3がサイドに開き
ながら素早くフロントコートへ走り、ウィングから
ゴールを目指す。後を追って、1は内側にふくら
みながら走り、5は直線的にフロントコートに入
る。③4がインサイドへと入り込む2へロングパス
を通す。④パスを受けた2は素早くシュートする。

　5がリバウンドをとった場合は、1が前に入って
ボールを受け取り、3へとパスを出すパターンで攻
めると良い。

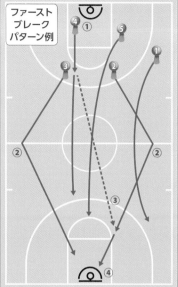

ファースト
ブレーク
パターン例

一本のパスで
シュートに持ち込む。

② タテにパスをつなぐファーストブレーク

　POINT①のパターンでシュートしたら、続けて
ボールをタテにつなぐファーストブレークに入
る。

　①3がゴールから落ちてきたボールを拾い、5へ
とパスする。②アウトサイドにいる4が、ボールサ
イドにふくらみながらフロントコートへと走る。1
と2はそれぞれサイドにふくらみながら走る。3は
まっすぐゴール前に入る③5が、ウィングを経由し
てゴール前に入る4へ直線的にパスを出す。パスし
たら同サイドのウィングへ走る。④パスを受けた4
はすぐさまシュート。

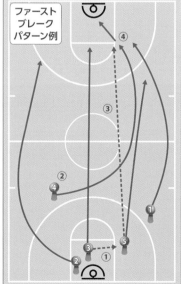

ファースト
ブレーク
パターン例

タテにスピードのあるパスを出す。

POINT①②の速攻でコートを1往復したら、続けてセットオフェンスのパターンを行う。

①1がボールを拾い、前にいる3へパスを出す。②2がアウトサイドからフロントコートのウィングへ走る。4はフロントコートのヘルプサイドのローポストへ走る。③3から2へロングパス。④3がボールサイドのトップに入り、2からパスを受ける。5と1もそれぞれ、ボールサイドのハイポスト、ヘルプサイドのトップへ入る。5人がそれぞれポジションをとり、オフェンスの陣形を作る。

フロントコートでポジションをとる。

①3から1へパスを出す。②合わせてインサイドの5と4がそれぞれスクリーンをセットし、3は1の前からカットしてコーナーへ走る。③5のスクリーンを使って、2がゴール下へ走り込む。④1が3にパスを出す。すぐシュートできる位置に、浮き球のパスをコントロールする。⑤2がシュートを決める。

さらに⑤から2がコーナーにカットした3へパスをして、ロングシュートを打たせるなどのパターンに発展させても良い。セットオフェンスはガードが中心になってパターンを選択する。

浮き球のパスでつなぐ。

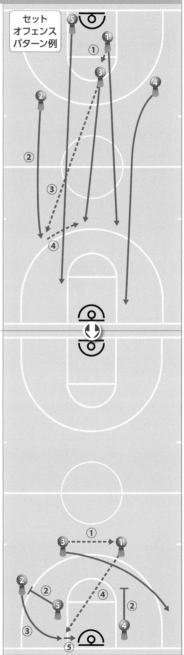

セット
オフェンス
パターン例

PART 2
シュート

A ANSWER 下半身を柔軟に 手首のスナップを利かせる

POINT❶
ゴールと正対し、ヒザを軽く曲げて柔軟にする。

POINT❷
ボールを額の上にセット。やや利き腕側に寄せ、視野を確保。

シュート技術の基本となるセットシュート

　すべてのシュートの基本となるのはセットシュートだ。身につけることで、正確なコントロールが可能となり、常にシュート体勢をとれるようになる。ポイントは、腕だけでなく下半身も使って全身でシュートすること。**ゴールと正対して肩幅を目安に両足を開き、ヒザを曲げて柔軟にする。**

　ボールは、利き腕に乗せて額の上にセットする。このとき、正面ではなくやや利き腕側にズラして視野を確保する。逆の手はボールの横に添えて支えにする。重心を落とした姿勢からヒザとヒジを伸ばし、ボールを最高点でリリース。手首のスナップを使い、人差し指をゴールに向けることが大切。

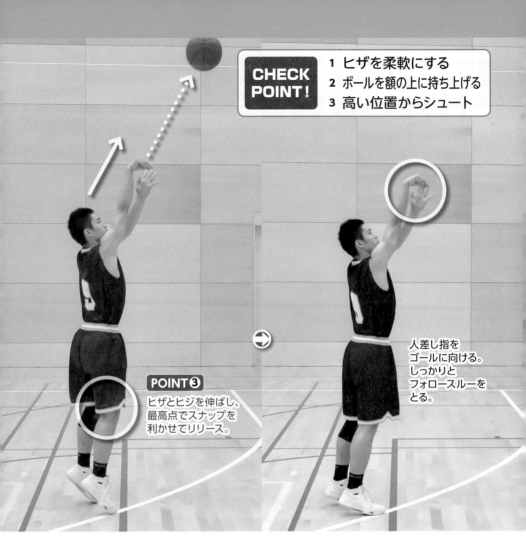

CHECK
POINT！

1 ヒザを柔軟にする
2 ボールを額の上に持ち上げる
3 高い位置からシュート

POINT❸

ヒザとヒジを伸ばし、
最高点でスナップを
利かせてリリース。

人差し指を
ゴールに向ける。
しっかりと
フォロースルーを
とる。

＋αで差がつく！

背すじを意識して体の軸をキープ

体が左右にぶれたり腰が引けるなど、姿勢に乱
れがあるとイメージ通りにコントロールできな
い。背すじをまっすぐ伸ばしたまま動作する意
識を持ち、軸をキープしよう。なおセットシュー
トは基本であるとともに、フリースローで用い
る試合で不可欠なテクニックでもある。

A ANSWER 真上にジャンプして 高い位置でリリースする

ヒザを柔軟に構え、
ボールを額の上にセットする。

POINT❶

下半身のバネを
使って両足で
踏み切り、
真上にジャンプする。

ジャンプして空中から打つジャンプシュート

　ゴールまでやや距離のあるミドルレンジ（中距離）でのシュートでは、ジャンプシュートで狙うのがセオリーだ。セットシュートにジャンプの動作を加えるテクニックで、より高い位置でリリースできるためディフェンスにブロックされづらい。試合での使用頻度が特に高いシュートといえる。

　ポイントは、高くジャンプしながらも空中姿勢を乱さないこと。**真上に両足で踏み切り、軸をまっすぐキープする。**リリースの動作はセットシュートと同様だ。手首のスナップを使ってボールに逆回転をかけ、人差し指をゴールに向ける。ボールの軌道が放物線を描くようにコントロールしよう。

POINT❸

フォロースルーを
とって着地する。
体の軸をキープする

POINT❷

ジャンプの最高点でヒジを伸ばし、
手首のスナップでリリース。

＋αで差がつく！

バックボードを活用するバンクシュート

バックボードを活用してゴールを狙う技術を"バンクシュート"という。ボールの跳ね返りによってシュート成功率を高めることができ、ゴールと角度がある位置からのシュートで効果を発揮するテクニックだ。ボックス（内側の枠）の、手前側の角を狙うのがセオリーだ。

A ANSWER ドリブルで進みゴールから近い位置でシュートする

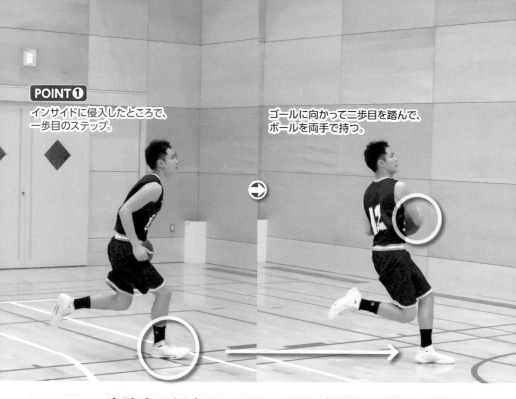

POINT①
インサイドに侵入したところで、一歩目のステップ。

ゴールに向かって二歩目を踏んで、ボールを両手で持つ。

高確率で得点できるレイアップシュート

　相手ゴール下に侵入し、シュートするランニングシュート。その基本となるのはレイアップシュートだ。ドリブルでインサイドに入り込んだところで一歩目を踏み込み、続けてゴールへ向けて二歩目を踏み込む。同時にボールを両手で胸の前あたりで持ち、片足踏み切りでジャンプする。このとき、逆の足のヒザ

を高く上げると、ジャンプに高さを出すことができる。

　一方の手の上にボールを乗せ、ジャンプに合わせてヒジを伸ばす。**ジャンプの最高点で、バックボードのボックスを狙ってコントロールする。**力は入れず、ボールをゴールへ置いてくるような意識で動作すると良い。

CHECK POINT!

1 インサイドに入って一歩目のステップ
2 ヒザを上げてハイジャンプする
3 リリースではボックスにコントロール

POINT❷

片足踏み切りでジャンプ。
逆足のヒザを高く上げる。

POINT❸

ジャンプの最高点でリリース。
ボールをゴールに置いてくる。

+α で差がつく！

バックボードを使わずにシュート

ゴールの正面や真横（コーナー）からのレイアップ
シュートでは、バックボードを使うことができ
ない。その場面では、ゴールの真上にボールを
コントロールすると良い。ゴールリングの手前
のフチに目線を向け、手首のスナップと指先で
やわらかくリリースする。

A ANSWER ボールを高く構えて ランニングシュートを決める

POINT❶
踏み切りと合わせて、
ボールを持ち上げる。

インサイドに入ったところで一歩、
二歩とステップする。

ブロックをかわしやすいオーバーレイアップシュート

ジャンプと同時にボールを持ち上げ、頭の上からシュートするテクニックをオーバーレイアップシュートという。ゴールに向かって腕を伸ばすレイアップシュートに比べ、シュートブロックをかわしやすいメリットがある。

ステップの動作は、レイアップシュートと同じ。ドリブルでインサイドに入っ

たところで一歩目をステップし、ゴールに向かって二歩目のステップ。その足で踏み切ってジャンプする。

踏み切りに合わせてボールを持つ手を高く上げ、ヒジを曲げた状態でセットする。ジャンプの最高点で腕を伸ばし、ボックスの手前の角を狙って高い位置からシュートする。

POINT❷

ヒザを上げて高くジャンプ。
ボールを頭の上にセット。

POINT❸

ジャンプの最高点でリリース。
ボックスの角を狙う。

+αで差がつく!

ボールから目を離さず着地する

リリースしたら、フォロースルーをとりながら着地する。この動作は、ボールを視野でとらえながら行うことが大切。目を離してしまうと、試合でシュートが外れた場合にすぐさま次のプレーに移れない。練習から徹底して、ボールを視野でとらえることを習慣づけよう。

A ANSWER ディフェンスをブロックしながらシュートする

POINT ①
ポストから一回のドリブルで、ペイントエリアに踏み込む。

POINT ②
両手でボールを持ち、二歩目を踏み込んでゴールと正対する。

ポストで効果的なパワーレイアップシュート

センターなど主にインサイドにポジションをとるプレーヤーは、ポスト（ペイントエリア付近のエリア）でパスを受けることが多い。ゴールと距離が近いシュートを狙える位置だが、それだけにディフェンスも強固に守ってくる。その突破に有効なテクニックに、パワーレイアップシュートがある。

ワンドリブルでゴール下へと侵入し、素早いステップからゴールと正対する。ボールをベースライン側の手で持ってジャンプし、最高点でスナップを利かせてシュートする。**このとき、逆の腕を上げることがポイント。これにより、ディフェンスはボールへ腕を伸ばせなくなる。**しっかりブロックしよう。

CHECK POINT！

1 ポストから両手で一回ドリブルしてペイントエリアに入る
2 二歩のステップでゴールと正対する
3 ベースライン側の手でスナップを利かせてシュートする

二歩目のステップで踏み切る。
ゴールに体を向ける。

POINT ❸

ジャンプの最高点でリリース。
スナップを利かせてボックスを狙う。

＋αで差がつく！

逆側の腕が下がるのはNG

リリースで逆の腕が下がっていると、ディフェンスにシュートを防がれる危険性が高まるので注意。シュートをする腕と同じ高さまで上げ、しっかりとディフェンスをブロックすることが大切だ。この動作の有無で、シュートの成功率が大きく変わるので徹底して行おう。

A ANSWER ベースライン側の手で 背面にシュートする

レイアップシュートと同じように
インサイドで一歩目のステップ。

POINT❶
やや深めの位置に踏み込み、
その足で踏み切ってジャンプ。

後ろにコントロールするバックシュート

　ボールを背面にコントロールしてゴールを狙うバックシュートは、ディフェンスをかわす効果的なテクニック。ランニングシュートを打とうと切り込んだ場面で、レイアップシュートに加えてバックシュートを選択肢として持っていると、状況に合わせて成功率の高いシュートを選べるようになる。

　レイアップシュートよりやや深めに踏み込んでジャンプし、ベースライン側の手でシュートするのがセオリー。逆の腕でディフェンスをブロックできるため、シュートの成功率が高まる。リリースでは目線をゴールリングに向け、手首のスナップと指先でボールに回転をかけて正確にコントロールする。

CHECK POINT!

1 レイアップシュートよりもやや深い位置で踏み切る
2 ベースライン側の腕でシュートするのがセオリー
3 目線をゴールリングに向けて正確にコントロールする

POINT②
ベースライン側の手でボールを持ち、
逆の腕も同じように上げる。

POINT③
ゴールリングから目を離さず、
ボックスを狙って背面にシュート。

+αで差がつく！

真上にジャンプして軸を保つ

ジャンプが前（進行方向）に流れると、ゴール
との距離感をつかめなくなりシュートを失敗し
やすくなる。真上にジャンプすることを意識して、
体の軸をまっすぐ保つことが重要だ。左右両方
の手でシュートできるように、バックシュートの
技術を磨くことも大切。

A ANSWER 体の幅を使って高さのある軌道でシュートする

ゴール下でボールを持ち、
低重心の姿勢でしっかり保持する。

POINT❶

ゴールから遠い側の足でターンし、
ゴールに対して半身になる。

ディフェンスとの間にスペースを作るフックシュート

　高さのあるディフェンスにマークされるとシュートをブロックされやすい。その場面では、フックシュートが効果的だ。ゴールに対して横向きの姿勢で、遠い側の腕でリリースすることで、**体の幅の分だけディフェンスとの間にスペースが生まれ、シュートブロックを防げる。**このとき、逆側の腕を上げてボールを

守ることも重要なポイントだ。バンザイをするイメージで動作しよう。

　リリースを半身の姿勢で行うので、ゴールまでの距離感をつかむことが大切。コントロールは手首と指で行い、腕はボールを持ち上げるのみで振らないようにする。ジャンプの最高点から、やわらかくボールを操作する。

POINT②
両足で踏み切る。
ボールはゴールから
遠い手で持ち、
高く上げる。

POINT③
手首と指でリリースする。
逆側の腕も上げることが大切。

+αで差がつく！

アーチをつけてボールをコントロール

フックシュートでは、アーチをつけてボールをコントロールすることが大切だ。高さのある軌道によって、ディフェンスの上を抜いてゴールを狙える。ヒジを伸ばしてしっかりとボールを固定し、スナップを利かせてシュートしよう。バックボードを使うのも方法のひとつ。

A
ANSWER 蹴る力を使って ゴールへコントロールする

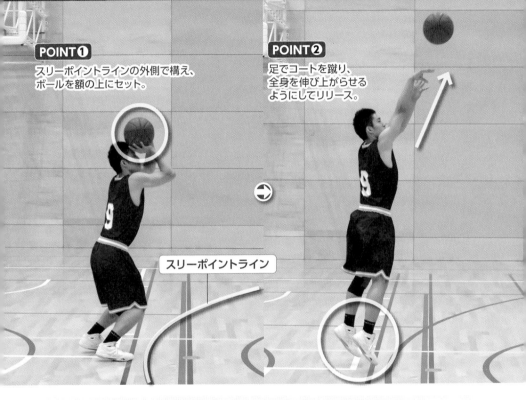

POINT❶
スリーポイントラインの外側で構え、
ボールを額の上にセット。

POINT❷
足でコートを蹴り、
全身を伸び上がらせる
ようにしてリリース。

スリーポイントライン

一度に3点獲得できるスリーポイントシュート

スリーポイントラインの外側から
シュートするスリーポイントシュートは、
成功すれば3点を加えられる。主にア
ウトサイドにポジションをとるプレー
ヤーが繰り出すテクニックで、優れた技
術を持つシューターはチームにとって強
力な武器になる。

フォームは通常のミドルシュートとほ
とんど同じだが、距離があるだけによ
り強い力をボールに込める必要がある。
手打ちでは飛距離を出すことが難しく、
ゴールまで到達できたとしても力みが
出てコントロールが乱れる。**ポイントは、
足でコートを蹴る力を活用すること。**下
半身から腕の先まで、力を伝達させて
全身でシュートする。

POINT③
基本のフォームに忠実に、
大きな放物線を描くようにシュート。

CHECK POINT!
1 アウトサイドでシュートの構えをとる
2 ヒザとヒジをタイミング良く伸ばす
3 基本通り手首のスナップを利かせてリリース

+αで差がつく!

ゴールと正対し真正面にシュート

体の正面をゴールに向けて、まっすぐ前にシュートする。試合ではディフェンスがシュートさせまいと体を寄せてくるので、素早くシュートフォームを行わなければならない。チャンスの場面では常にゴールと正対関係をとり、スリーポイントシュートの準備をすることが大切だ。

A ANSWER ゴール下でフックシュートを反復する

POINT❶
ゴール下に立ち、外側に一歩踏み出してボールを片手の上に乗せる。

POINT❷
バンザイのような姿勢をとり、フックシュートでゴールに入れる。

左右から連続で行うフックシュート練習

レイアップシュートなど、ゴールリングの方向に体を向けて打つシュートばかりではバリエーション不足。どのような場面でも自分の体をコントロールして、**より有効なシュートが選択できるだけのプレーの引き出しが必要だ**。特にフックシュートは、体を横向きにすることで相手ディフェンスに高さがあったとしても

ゴールを狙える有効なテクニック。最低限、マスターしておくべきシュートテクニックといえる。

ゴール下に立ち、フックシュートを左右交互に連続して繰り返す練習をすると動作を身につけることができる。反復して体に覚え込ませよう。5〜10本連続して動作を確認しよう。

CHECK POINT!

1 ボールを持ってゴール下からフックシュートを打つ
2 逆の腕も上げてシュートするフォームを徹底
3 左右どちらの手でも打てるように技術を磨く

落ちてきたボールを拾い、
続いて逆側からフックシュートを打つ。

POINT❸

左右交互に反復する。
左右どちらでもシュートできるように。

＋αで差がつく！

しっかりと足を使って動作

全身を使ってゴールを狙うことがシュートを成功させるためのポイントだ。腕の左右に振って打つだけの手投げのシュートになると、練習の効果がないので注意。足を使ってステップし、体の幅を使うことを意識する。逆側の腕を上げて、ディフェンスをブロックする動作も徹底する。

POINT❶
ゴール下でボールを持ち、
ベースラインに背を向けて立つ。

POINT❷
ベースライン側の手で
ボールを持って
バックシュートを打つ。

後ろ向きで反復するバックシュート練習

バックシュートもフックシュートと同じく、最低限身につけておくべきシュートテクニックのひとつ。コート上で即座に選択できるように、技術を磨いておく必要がある。**背面への正確なコントロールを身につけるには、フォームやリリースの感触を体で覚える練習が効果的。**

ゴール下でボールを持ち、背を向けて立った姿勢から、左右交互に連続でバックシュートを打つ。ゴールと自分の位置関係も体で覚えることができる。5〜10本連続して行おう。

さまざまな体勢からゴールを狙えるようになると、シュートテクニックにさらにステップやピボットを加えるなど、応用できるようになる。

シュートしたボールを、
ゴール下で後ろ向きのままキャッチする。

POINT③

逆側も同様にシュートする。
左右交互に反復練習する。

＋αで差がつく！

両側の手でのシュートも練習

バックシュートはベースラインの方向の手で、シュートするのがセオリーだ。しかし試合では、フリースローラインの方向の手を使うべき場面もある。両側の手でシュートする練習にも取り組んで引き出しを増やし、さまざまな状況に対応できるようになろう。

41

チームの司令塔としてプレーするポジション

ゲームメイクはもちろん攻撃能力も大切

　ガードはチームの司令塔として、ボールを運んだりアウトサイドから攻撃をしかける役割。番号では1番・2番にあたる。2つのポジションに分けることができ、1番はリードガード（またはポイントガード）と呼ばれる。ゲームメイクを担うことが多く、オフェンスをしっかりチームに指示でき、全体を見渡せる状況把握と判断能力が求められる。

　2番はガードフォワード（またはシューティングガード）と呼ばれる。1番をサポートしながら、フォワードとして攻撃のポイントのひとつとして機能する。スリーポイントシュートなどで、得点の面でチームに貢献できると良い。1番よりも攻撃的なポジションといえる。

　チームによってはガードを3枚並べるフォーメーションを用いることもある。京北高校では、ガードのプレーヤーは1番と2番をどちらもこなせるように選手育成をしている。

PART 3
ドリブル

A ANSWER 低重心で手のひら全体を使ってボールつく

CHECK POINT !

1 最初は動かずにドリブル
2 上半身を起こす
3 逆の手もマスターする

正確にバウンドさせるドリブルの基本

両足を肩幅よりやや広めに開き、ヒザを曲げるのがドリブルの基本姿勢だ。低重心になることで、手からボールが離れている時間を短くできる。これがディフェンスにとって、ボールを奪いづらいドリブルとなる。上半身は起こし、目線を前に向ける。顔が上がり、視野を広く保つことがポイント。

ボールをつく際には、**手のひら全体で真下に押し出すように動作する**。強くバウンドさせることがセオリーで、一定のリズムでドリブルする。ボールを操作していない側の腕は、ヒジを張ってディフェンスをブロックする。意識しなくても正確なドリブルを続けられるように技術を磨こう。

POINT ① まずはその場で 強くドリブルする

技術を身につける段階では、移動せずにその場でドリブルし、基本をマスターする。基本姿勢をとって、ボールを手のひらで押し出すように繰り返しバウンドさせる。このとき、顔は正面向きで固定する。ボールを見ずにドリブルすることが大切だ。

POINT ② 上半身を起こし 逆の腕はヒジを張る

ドリブル中は、上半身を起こしたままキープする。同じ姿勢をキープし、ドリブルの安定感を高めよう。ボールを操作してない側の腕は前に伸ばし、ヒジを張る。これにより、ボールを奪おうと体を寄せてくるディフェンスをブロックすることができる。

POINT ③ 逆の手でも 正確にドリブルする

利き手ばかりでなく、逆の手でも正確にドリブルできるように技術を身につけよう。一方の手でしかドリブルできないプレーヤーは、試合で通用しない。左右を遜色なくこなせるようになってはじめて、ドリブルの基本をマスターしたといえる。

＋αで差がつく！

下を向くのはNG

背中が丸まり、上半身が前傾すると視野が狭くなる。コート上を見渡せなくなり、正しい判断が下せなくなるので注意。このようなフォームになってしまうのは、ボールを見てしまうことが原因。手の感覚だけでコントロールできる技術が身につけば、姿勢を乱すことなくドリブルできるようになる。

A ANSWER　体の正面でバウンドさせて逆の手へ動かす

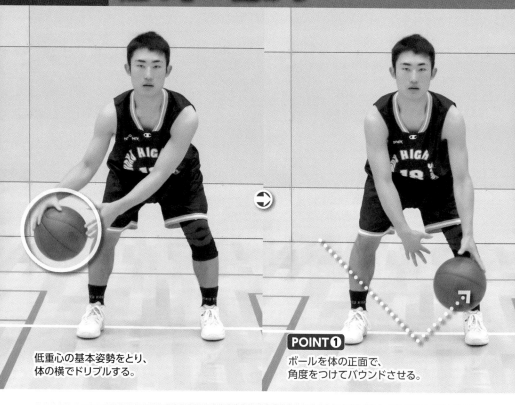

低重心の基本姿勢をとり、
体の横でドリブルする。

POINT❶

ボールを体の正面で、
角度をつけてバウンドさせる。

ボールを左右に切り替えるフロントチェンジ

　ドリブルする手を、ボールを動かすことで切り替えるテクニックをフロントチェンジという。体の横でドリブルしている状態から、ボールを体の正面でバウンドさせる。斜め下に押し出すように動作すると良い。**これによってボールは逆側に跳ねるので、もう一方の手で受け止めればボールを持ち替えられる。**

　ボールを左右に繰り返し動かし、バウンドの位置や力を一定にすると、テクニックの精度が高まる。

　フロントチェンジはシンプルなテクニックなだけに、ターンやチェンジオブペースなど他のテクニックと組み合わせやすい。さまざまなパターンを試して、自分の武器を作ろう。

CHECK POINT!

1 ボールを斜め下方向へ角度をつけてバウンド
2 体の正面でバウンドさせて逆の手に移動
3 ボールを左右に動かしテクニックの精度を高める

POINT❷
逆の手で受け止め、
ボールを持ち替える。

POINT❸
同様に正面でバウンドさせ、
ボールを左右に動かす。

＋αで差がつく！

大きくボールを振るガルウィング

フロントチェンジの左右の振りを大きくすると、
"ガルウィング"のテクニックになる。ボールを
高く持ち上げることでディフェンスの注意を引
き、重心が動いたところで逆側へバウンドさせ
る。一瞬のスキをついて素早く進行方向を変え
れば、緩急で相手を抜き去ることができる。

A ANSWER レッグスルーでボールを逆の手に送る

基本姿勢をとり、
顔を正面に向けたままドリブルする。

POINT①
ボールを持つ手と対角の足を、
一歩前に踏み込む。

奪われない位置でバウンドさせるレッグスルー

ディフェンスとの間合いが近い状況では、安易にボールを持ち替えようとすると奪われる危険性がある。安全に持ち替えるためには、ディフェンスの手が届かないところでコントロールする必要がある。股の下でバウンドさせるレッグスルーならば、リスクなく逆の手にボールを送ることができる。

視野の外でのボールコントロールとなるため、正確にバウンドさせる技術が必要だ。**バウンドさせる方向の足を一歩踏み込んでスペースを作り、体の真下でボールをつく。**あらかじめ逆の手をやや後ろに置いておき、ボールを受け止める。顔を前に向けたまま動作し、視野をキープすることが大切。

CHECK POINT！

1 一方の足を前に踏み込んでスペースを作る
2 ボールを体の真下でバウンドさせて逆側へと送る
3 バウンドしたボールを受け止めて扱う手を切り替える

POINT❷

体の真下でボールを、
斜め下に角度をつけてバウンドさせる。

POINT❸

逆の手で受け止め、
ボールを持ち替えてドリブルする。

＋αで差がつく！

背面でバウンドさせるバックチェンジ

ボールを体の後ろでバウンドさせて背面でボール
を持ち替える"バックチェンジ"も、安全性の高
いテクニックのひとつ。体が壁になるため、ディ
フェンスに奪われることがない。ポイントは体の
真後ろの、両足の間の中心点でバウンドさせるこ
と。ボールが体に当たらないように注意しよう。

A ANSWER フロントチェンジと 見せかけて逆をつく

手首の角度を体の正面に向けて、
フロントチェンジをすると見せかける。

POINT❶

手首を素早く返して、
ボールの向きを外側に変化させる。

手首の動きで揺さぶるインサイドアウト

ディフェンスとの1対1では、相手の裏をかくフェイントが不可欠だ。相手の重心を一瞬でも動かすことができれば、そのスキに逆をついて突破できる。

フェイントのテクニックのひとつにインサイドアウトがある。フロントチェンジでボールを持ち替えると見せかけて、**手首を素早く返して元の外方向へバウ**ンドさせる。片手で左右にボールを動かす技術が身につけば、ディフェンスに揺さぶりをかけられる。

実戦では手だけではなく、目線など細かな動きも使ってフェイントをかけることが大切。フロントチェンジすると思い込ませることが、相手の裏をかくための重要なポイントとなる。

POINT②

ツマ先の前あたりでボールをバウンドさせ、
同時に足を前に踏み込む。

POINT③

外側にバウンドするボールを、
低重心の姿勢で受け止める。

+αで差がつく!

逆の手でもフェイントをかける

利き手だけではなく、逆の手でもインサイドアウトを繰り出せるように技術を磨こう。練習では内側から外側への切り返しの幅を、より大きくできるように意識しよう。この幅が大きいほど、フェイントの効果がアップする。スピーディに大きく揺さぶられることが理想だ。

A ANSWER 軸足を踏み込み低重心で素早く回転する

POINT❶
ドリブルしながら、
ターンする側の足を
前に踏み込む。

POINT❷
踏み込んだ足を軸に、
重心を落として背中側から素早くターン。

ターンでディフェンスを抜くロールターン

　ディフェンスの方向に足を踏み込み、その足を軸に後ろに回転するロールターンは、相手とボールの間に自分の体を入れ込んで突破できる。ボールを失うリスクが低い効果的なテクニックだ。スピーディに繰り出すことがポイントで、**重心を落とした姿勢でコンパクトにターンして素早く動作しよう。**

　ボールを体から離すとミスしやすくなるので、近い位置で操作することも大切だ。反転したところでボールをバウンドさせ、前を向いたところで逆の手に持ち替えてドリブルする。そのままのスピードで進み、ディフェンスを突破する。左右両方にロールターンを繰り出せるように技術を磨こう。

1 回転する方向の足を踏み込んで軸足にする
2 低重心でコンパクトに素早く背中側から回転する
3 ターンし終えたら逆の手にボールを持ち替える

反転したところで、ボールを体の横でバウンドさせる。

POINT❸

前を向いたところでバウンドさせたボールを、逆の手でとってドリブルする。

+αで差がつく!

ターンする方向に首を回す

回転の動作では、回る方向に目線を向ける。これにより首が先行して回り、連動して全身の回転スピードを速めることができる。ドリブルで進む先を見るイメージを持とう。ターンのスピードを求めるあまり、姿勢が乱れるとミスにつながるので、体の軸を保つことも大切だ。

A ANSWER 片手ずつ重点的に ドリブル練習をする

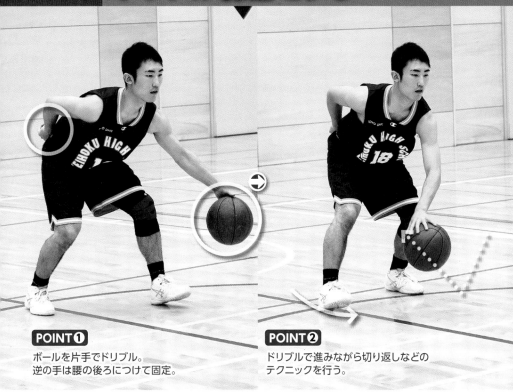

POINT❶
ボールを片手でドリブル。
逆の手は腰の後ろにつけて固定。

POINT❷
ドリブルで進みながら切り返しなどの
テクニックを行う。

一方の手でボールを動かしながら進む練習

　ドリブルでは、ボールをつきながら顔を上げられることが基本中の基本。視野を確保できてはじめて、試合で使えるドリブル技術となる。また、左右どちらの手でも遜色なくコントロールできる技術も必須だ。ドリブルの基本技術を練習で身につけよう。

　一方の手のみを使って、歩くくらいの

ペースでドリブルする。逆の手は腰の後ろにつけて固定する。**姿勢をキープして進み、切り返しやインサイドアウトなどテクニックを織り交ぜる**。ボールを動かすことによって、コントロール技術にさらに磨きをかけられる。ウォームアップと技術確認を目的に、練習のはじめに4〜5分間ほど行うと良い。

POINT❸

低重心で上半身を起こし、
顔を上げる基本姿勢をキープする。

インサイドアウトなども織り交ぜる。
逆の腕でも同様に行う。

＋αで差がつく！

一列になって練習する

列を作って練習に取り組むと効率的。やや間を
空けて順々にドリブルを開始し、時間を節約し
よう。ベースラインからベースラインまでコート
を縦断し、終わったら列の後ろに戻って順番を
待つ。ドリブルする手を左右交互に入れ替える。
苦手な側を重点的に練習するのも良い。

Q.22 ドリブルの精度を高めるには？

A ANSWER コーンを置いて テクニックを連続で行う

CHECK POINT！
1 コーンを8つ配置
2 複数のテクニックを確認
3 正確さを磨く

8ヶ所を経由するドリブル練習

　試合でドリブルテクニックをスムーズに繰り出すためには、**常日頃から動作を確認することが大切だ**。マスターしたからといって練習を怠っていると、いざというところで繰り出せない。特にフロントチェンジやレッグスルーといった使用頻度の高いテクニックは、習慣的に欠かさず練習しよう。練習法のひとつに、コーンを正方形に並べて行うドリブル練習がある。コーンをつなぐ線に沿って進みながら、コーンのところでテクニックを繰り出す。

　また、コートを縦断しながら、自分のテンポでドリブルテクニックを確認する方法も効果的。こちらはより自由度が高い。さまざまな方法で練習しよう。

コート3分の2ほどのスペースを使って、コーンを均等な距離感で4つ並べて四角形を作る。それぞれの辺の間にさらに4つのコーンを置き、8ヶ所のポイントを作る。練習するプレーヤーは四角形の角からドリブルを開始し、コーンのポイントごとにドリブルテクニックを繰り出しながら、正確なドリブルで進む。

集団で練習する際にはスタート位置で列を作り、やや間を空けて順番にドリブルを開始する。ウォームアップで、4〜5分間ほどかけて行う。

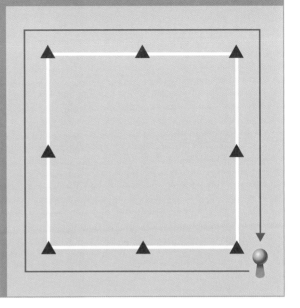

POINT
② さまざまなテクニックを
組み合わせる

練習のなかでさまざまなドリブルテクニックの確認をしよう。フロントチェンジ、レッグスルー、バックチェンジ、ロールターン、インサイドアウトなど、コーンごと異なるテクニックを組み合わせることで効率が上がる。

POINT
③ 姿勢を崩さず
正確な技術を磨く

全てのテクニックを、ドリブルの基本姿勢を崩さずに行うことが目標。ボールを見ずにテクニックを繰り出そう。中級者以上にとっては確認であり、初心者にとってはより実戦的な技術を身につけるための練習となる。

内・外両方でプレーするポジション

オールラウンドにこなせる能力が求められる

　フォワードはインサイドとアウトサイドの両方がプレーエリアとなるポジションで、番号では3番・4番にあたる。3番はスモールフォワードと呼ばれ、主にウィングの位置から攻撃をしかけ、チームの得点源として貢献するオフェンスの要。ディフェンスを崩す力、攻めきれるテクニック、引きつけてパスできる判断力など高い攻撃能力が求められる。

　4番はセンターフォワード（またはパワーフォワード）と呼ばれる。インサイドの司令塔（ガード）としてのプレーが求められる重要なポジション。インサイドでパスを受けたときに、自分で攻める、センターを使う、ディフェンスを引きつけてアウトサイドを使う、などの選択をプレッシャーのなかで正確に素早く判断できる能力が必要。また、アウトサイドからも攻められるオフェンスの万能性も欠かせない。

PART 4
パス

A ANSWER 両手をボールに伸ばしすぐさまゴールと正対する

POINT①
ボールマンに体の正面を向け、パスに合わせて両腕を伸ばす。

すぐシュートを狙えるボールミート

パスを受けるプレーをボールミートという。ボールミートの動作は状況によって異なるが、フロントコート（オフェンス方向のハーフコート）のゴールを狙える位置では、すぐシュートに持ち込めるようにパスを受けるのがセオリーだ。ボールマン（ボールを持つプレーヤー）に体の正面を向け、パスが出たらボール

の方向に両腕を伸ばす。迎えに行くようなイメージで、手のひらを揃えてボールに向けよう。

パスキャッチと同時に、ステップしてツマ先をゴールに向けて正対する。ステップと連動して、オフェンスの基本姿勢をとることで攻撃の選択肢が広がる。シュートを打つイメージを持とう。

POINT❷

パスキャッチと同時に、
足のツマ先をゴールに向けて踏み込む。

POINT❸

逆足も揃えてゴールと正対。
オフェンスの構えをとる。

＋αで差がつく！

トリプルスレットポジションをとる

両足を肩幅よりやや広めに開き、ヒザを軽く曲げた低重心で、上半身は起こしボールを胸の前のやや利き腕側に寄せるオフェンスの基本姿勢を"トリプルスレットポジション"という。シュートはもちろん、ドリブル、パスにも移行しやすい。ボールミートしたら、すぐさまこの姿勢をとる。

A ANSWER 胸の前からまっすぐパスを出す

POINT❶
胸の前あたりでボールを持ち、
パスする方向に踏み込む。

POINT❷
両腕を伸ばし、手首のスナップを
使ってリリースする。

両手でボールを出すチェストパス

　胸の前あたりでボールを持ち、両手でパスするチェストパスは、コントロール性が高く安定感のあるパスだ。パス技術の基本であり、まずはじめにマスターするべきテクニックといえる。

　ポイントは、パスを出す相手に体の正面を向け、まっすぐ腕を伸ばし、手首のスナップを使ってボールを送り出すこ

と。**リリースでは人差し指をパスを出す相手に向け、手のひらがそれぞれ外側に向くように動作しよう。**

　足を踏み込んでパスする方向に体重移動し、全身でボールに力を与えることも大切だ。なお、パスは長距離でない限り、直線軌道で味方の胸元のあたりへ送るのがセオリーだ。

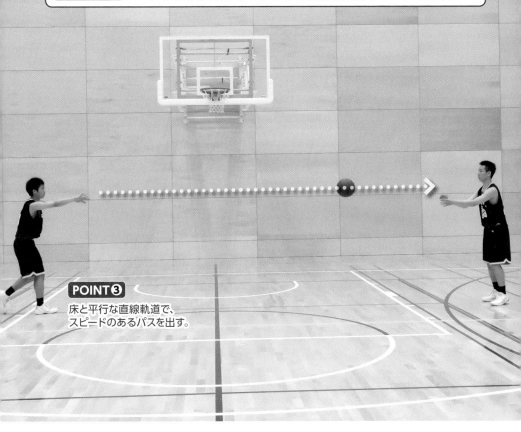

POINT ❸
床と平行な直線軌道で、
スピードのあるパスを出す。

＋αで差がつく！

逆の足でも踏み込んでパスする

パスと連動して行う踏み込みを、左右どちらの足でも行えるように技術を身につけよう。逆の足でも違和感なくパスできることが大切だ。なおチェストパスは、主にディフェンスからのマークが薄い場面で使う。正面へのパスなので、間合いを詰められている状況では出すことが難しい。

A ANSWER 斜め前に踏み込んでパスをバウンドさせる

POINT❶

足を斜め前に踏み込む。
ディフェンスとボールの間に
肩を入れ込むイメージ。

POINT❷

腕を横にスイングし、
ボールをより遠いところから
リリースする。

スピンをかけてパスを通すバウンズパス

　ディフェンスにマークされ、前方向のパスコースを切られた状況では、踏み込みをともなったバウンズパスが有効だ。足を斜め前方向に大きくステップし、ボールも同様に腕を横に振って動かす。これによって、パスコースを生み出すことができる。対面するディフェンスのワキから、味方へと片手でパスを出そう。

　ボールを低くコントロールすることがポイント。**低く軌道でボールを通すことで、ディフェンスにとってカットしづらいパスとなる。**リリースで手首のスナップを使い、ボールに内回転をかけられるとさらに良い。バウンド後に味方の方向へ進むパスとなる。

POINT❸
ボールをバウンドさせてパスを通す。
手首のスナップで内回転をかける。

＋αで差がつく！

ボールを高く上げるとカットされる

リリースポイントが高くなると、ディフェンスにとって反応しやすいパスとなり、カットされる危険が増すので注意。腕を横方向へワイドに開くイメージで、低い位置からボールを送り出そう。動作を素早く行うこともパスを成功させるポイントなので、技術の精度と速さを磨こう。

A ANSWER 片手でボールを 横に押し出すようにパスする

POINT❶
正面向きの姿勢から横に足を踏み込み、パスする方向に体を向ける。

POINT❷
腕をまっすぐ伸ばし、手のひらでボールを押し出すようにリリース。

横方向へのワンハンドプッシュパス

　ワンハンドプッシュパスは、片手でボールを送るテクニック。素早くパスを出せるため、さまざまな場面で活用することができる。特に、横方向の味方へのパスで効果を発揮する。**ポイントは、ボールを手のひらで押し出すように動作すること。**パスを出す方向へまっすぐ腕を伸ばそう。

　直線軌道で強くスピードのあるパスを出せるように、足の踏み込みで体重移動することも大切だ。このとき、ボールとディフェンスの間に肩を入れ込むようにして、カットできない遠い位置からパスする動作も徹底する。リリース後は、すぐさま前に向き直してコート全体を視野でとらえる。

POINT③
スピードのあるパスを直線軌道で通す。
しっかりフォロースルーをとる。

＋αで差がつく！

パスを出したらすぐ前を向く

パスの動作をフォロースルーまで行ったら、すぐさま体を元の正面向きに戻す。横向きのままでは視野が限定されて状況判断に遅れが生じるので、素早くコート全体をとらえよう。体を向き直すところまでを一連の動作として練習し、視野の確保を体に覚え込ませよう。

A ANSWER 腰を落として下手投げでパスを出す

POINT❶
足を斜め前に踏み込み、
腰を落としてボールを低く構える。

POINT❷
ヒザあたりの位置から、
ボールをすくい上げるように
パスを出す。

下からボールを送り出すアンダーハンドパス

　腰を落としてボールを下から送り出すようにリリースするアンダーハンドパスは、低い位置からパスを出せるテクニック。主に近い距離にいる味方へのパスで用いられ、高さのあるディフェンスのワキを通す場面などでも効果を発揮する。**コンパクトに動作することがポイントで、ボールを低い位置に置いたところ**からすくい上げるようにパスを出す。手首のスナップで、味方の胸元へやや上向きの軌道でコントロールしよう。ボールが浮き上がらないように抑えることが大切だ。

　腰を落としても、上半身は起こしたままキープする。前傾して視野を狭めないように注意しよう。

POINT❸

リリースではスナップを利かせる。
軌道を抑えて胸元へコントロール。

＋αで差がつく!

ボールを振りかぶらずにパスする

最小限の動作でボールを送ることが大切だ。下手投げだからといって、ボウリングやソフトボールの投球のように後ろへボールを大きく振りかぶると、遠心力が強くなりすぎて軌道が浮くなどミスの原因になる。コンパクトなフォームで、体の横の位置から素早く味方へパスをつなごう。

A ANSWER パスする相手の 動きに合わせて出す

CHECK POINT !
1 三角形にポジション
2 動きながらキャッチ
3 進む先へパスを出す

動く相手にパスするトライアングルパス練習

試合では静止した状態でのパス交換より、走りながらパスを出したり、ボールミートする場面の方が多い。より実戦的なパスの技術を身につけるために、トライアングルパスの練習に取り組もう。三角形の各頂点にプレーヤーが入り、動きながらパスを回し続ける練習だ。パスする方向に動きながらしっかり

とボールミートするキャッチ技術と、動く相手に対して正確にボールを送るコントロール技術が身につく。

パスをする前に、パスを出す相手の状況を確認することがポイントだ。動きを把握しておくことで、ボールミートから即座にパスの動作に移ることができ、精度がアップする。

10mほど距離を空けてプレーヤーが三ヶ所に、三角形を作るようにポジションをとる。各頂点には3〜4人ほどのプレーヤーが入り、順番に練習する。

①パスを回す際には、パスの出し手はパスする方向にややステップしながらボールを送る。②パスの受け手は、自分のパスする方向に動きながらボールミートする。③隣のプレーヤーにパスを出し、そのまま隣の列の後方へと走り抜ける。ポジションを1つずつズラしながら3〜4分間ボールを回し続ける。

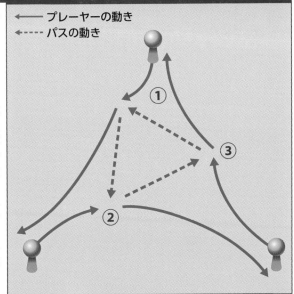

→ プレーヤーの動き
⤏ パスの動き

1つ前のプレーヤーにボールが渡ったところで、自分がパスする方向に動き出し、進みながらボールミート。足は進行方向へと進めつつ、上半身はボールに向け、両腕を伸ばすことが正確にキャッチするポイント。

動く相手へのパスでは、パスする前に相手の状況を確認することが大切。動く方向を把握したら、相手の進行方向の一歩手前のスペースにパスを出す。これにより、パスの受け手はスピードを緩めずボールミートできる。

A ANSWER さまざまなパターンで パス回しをする

CHECK POINT!

1 四角形でパスを回す
2 相手を見て確認
3 ふくらんで走る
4 一つ飛ばしもトライ
5 パスと同時に走る
6 走りながらパスする

2種の動きで取り組むスクエアパス練習

トライアングルパスの発展形としてスクエアパスがある。トライアングルパスが三角形であったのに対し、スクエア（四角形）でパスを回す練習となる。スクエアパスでは、隣のプレーヤーにパスするパターンに加えて、ポジションを一つ飛ばしてパスするパターンも練習する。**いろいろな種類の動きでパ**ス回しをすることで、試合で起こるさまざまな状況に対応できる。

チェストパスで正確にパスを回せるようになったら、バウンズパスやワンハンドパスも取り入れて練習しよう。ちょっとした変化や要素を加えるなど工夫をすることで、練習のパターンは数多く考えられる。

四角形でパスを回すベーシックなスクエアパス

　10mほど距離を空けてプレーヤーが四ヶ所に、四角形を作るようにポジションをとる。各頂点には3〜4人ほどのプレーヤーが入り、順番に練習する。

　①パスする方向にややステップしつつ、ボールをミートする。②受け手の動きに合わせてパスを出す。隣の列の後方に走り抜ける。③パスを受けたプレーヤーは同様に隣へパスを出し、隣の列の後方へ走り抜ける。④同じようにパスを回す。ポジションを1つずつズラしながら3〜4分間ボールを落とさず回し続ける。

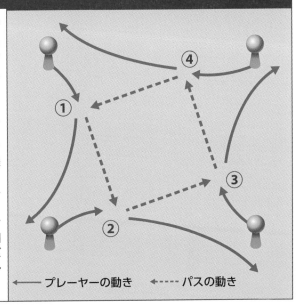

← プレーヤーの動き　◄---- パスの動き

基本はトライアングルと同じパスを出す相手を確認する

　動作はトライアングルパスと同様。四角形になっても正確なパスが出せるように練習する。ボールミートの前にパスを出す相手を確認しておくポイントを徹底し、キャッチすると同時に素早くパスの動作へ移行する。

ふくらむように走りながらパス

　ボールミートとパスの動作を、ふくらむように走りながら行う。四角形の内側に入りながらボールミートしてパスを出し、外側へと走り抜ける。走りが直線的になってしまうと、スムーズにパスを回せないので注意。

対角線にいるプレーヤーに向けてパスを出すスクエアパスの"一つ飛ばし"パターン。初期ポジションは、通常のスクエアパスと同じ。

①はじめに、パスの受け手が動き出し、一つ先のボールを持つプレーヤーからパスを受ける。②ボールミートしたら、対角線にいるプレーヤーへとパスを出す。③ボールを受けたプレーヤーは、一つ後ろから走ってくるプレーヤーへ（①のパスの出し手）パスを出す。同時に対角線へ走る。これを繰り返し、3〜4分間ボールを落とさず回し続ける。

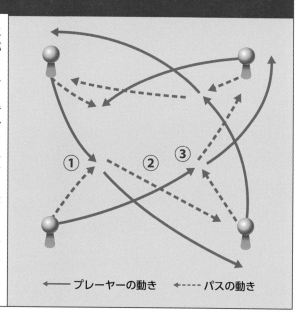

⟵⟶ プレーヤーの動き　⟵----- パスの動き

POINT
⑤ パスを出すと同時に走り始める

四角形の頂点でパスを出したら、パスすると同時に対角線のランを開始する。ボールの方向にややふくらむことがポイント。ボールミートでは対角線に走りながらも、体の面はしっかりとパスの出し手に向ける。

パスを出す

走り出す

POINT
⑥ 正面に向けてチェストパスを出す

走りながらボールをミートしたら進行方向に体を向け、対角のポジションで待つパスの受け手に向けてチェストパスを出す。ランの勢いを使って、スピードのあるパスで直線的につなぐ。パスが遅いとパス回しのペースが落ちる。

PART 5
ディフェンス

Q.30 理想のマークのつき方は？

A ANSWER 腕一本分の間合いで オフェンスに対応する

オフェンス

CHECK POINT!
1 パスラインを遮るディナイ
2 正しい姿勢なら崩れない
3 ボールに腕を伸ばす

ディナイとボールマンディフェンスを身につける

相手オフェンスへのマークは、マークマン（マークにつく相手）がボールを持っていない場合はディナイ、ボールを持っている場合はボールマンディフェンスで対応するのがセオリー。

ディナイはマークマンとゴールの間に入って、パスを出させないためのテクニック。マークマンに体を向けつつ、肩越しにボール（ボールマン）を見る。ボールマンディフェンスは、マークマンとゴールの間に入ってボールに片腕を伸ばす。これにより、相手ボールマンの動きに素早く反応できる。**どちらも、腕一本分の間合いで構えることがポイント。適正な間合いでマークにつき、オフェンスの全てのプレーに対応しよう。**

76

素早く動き出せる姿勢で パスラインに腕を伸ばす

ディフェンスでは両足を肩幅より大きく広げ、両親指の拇指球に重心を乗せて体の軸をまっすぐにするのが基本の姿勢。ディナイでは、マークマンとゴールの間でこの姿勢をとる。ゴールから遠い側の腕をパスラインに伸ばし、手のひらでパスを遮る。

マークマンのバンプにも 姿勢を崩さない

基本姿勢をしっかりととることができれば、マークマンにバンプ（ボディコンタクト）をされても崩れることなくマークにつける。姿勢が悪いと守りにスキが生まれ、マークマンにパスを通されてしまうので、安定感のある低重心の姿勢を徹底しよう。

ボールマンディフェンスでは 片腕をボールに伸ばす

マークマンがボールマンの場合は、ディナイでパスラインに伸ばしていた腕をボールへと向ける。逆側の腕は頭の高さに上げる。これにより、シュートやパスに素早く反応できるようになる。マークマンがどのプレーを選択しても、対応できるように準備する。

＋αで差がつく！

ボールを手のひらで上から覆う

ボールマンディフェンスで伸ばした手は、ボールを上から覆うように手のひらを向ける。マークマンがボールを上げられないようにして、シュートを防ぐことが目的。下からボールを弾いてボールを奪うディフェンステクニックもあるが、よほどのチャンスでない限り上から覆うのが基本。

Q.31 相手に離されないディフェンスのステップは？

A ANSWER 細かい足運びでオフェンスに反応する

CHECK POINT!
1 スタンス幅を前後で一定にする
2 横方向へのステップも身につける

姿勢をキープして進むスイングステップ

　ディフェンスでは、オフェンスの動きに素早く反応して対応できるステップが求められる。その基本となるのがスイングステップだ。ディフェンスの基本姿勢をとり、一方の腕を前に伸ばす。もう一方の腕はヒジが肩より上に位置するように上げ、手のひらを正面に向ける。足は腕を伸ばしている側を前に置き、逆の足は前の足のカカトの高さにツマ先がくるようにスタンス。

　この形を崩さないように、一歩ずつステップする。足の踏み込みに合わせて腕も切り替える。これにより、攻めてくるオフェンスに基本姿勢を崩さず対応できるようになる。前後にコートを往復してステップを身につけよう。

スイングステップでは、足のスタンスを前後で一足分にキープする。前の足のカカトの位置のライン上に、後ろの足のツマ先がくるようにステップを踏む。足を上げるのは最低限に抑え、基本姿勢をキープして進む。これにより、スキのないディフェンスとなる。

POINT ② 斜め横へスイングステップで進む

横方向へのスイングステップでは、ディフェンスの基本姿勢から、進み足を横方向へ踏み込む。一足分後方のスタンス幅で、足をなるべく浮かせずにステップ。

次に逆の足を滑らせるように引き寄せて元の足幅に戻し、斜め横方向に移動する。練習では左右に二歩ずつステップし、徐々に後退する。

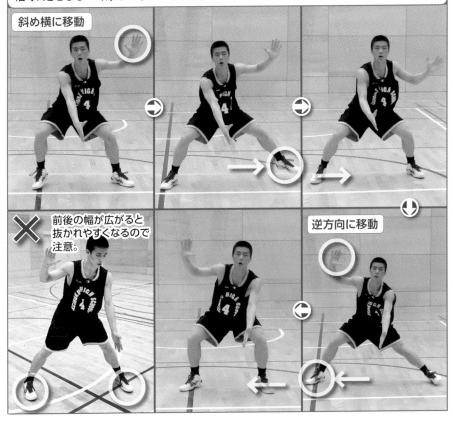

斜め横に移動

前後の幅が広がると抜かれやすくなるので注意。

逆方向に移動

A ANSWER 反応して腕を伸ばし ボックスアウトに移行する

POINT❶
ボールマンディフェンスから、
シュートフォームに合わせて手を上げる。

POINT❷
シュートに反応して斜めにジャンプし、
ボールに手を伸ばす。

シュートの軌道を乱すシュートチェック

　ボールマンをディフェンスしている状況で、マークマンにシュートに持ち込まれたらシュートチェックで対応する。ボールに向けている手を、マークマンのシュートフォームに反応して伸ばすテクニックだ。ボールを手のひらで弾くのは難しいが、指先だけでも触れられればシュートの軌道をズラして成功率を下げることができる。

　ポイントは、シュートチェックからスムーズにボックスアウトに移行すること。**空中でゴールの方向に体をひねり、着地と同時にマークマンに背中を当ててリバウンドに備える。**ジャンプする際には、斜めに跳ぶことが大切だ。ファウルせずにディフェンスできる。

CHECK POINT!
1 持ち上げられたボールに向かって手を伸ばす
2 ジャンプしてボールに触れることを目指す
3 ボックスアウトに移行してリバウンドに備える

空中でゴールの方向に体をひねる。
マークマンに接触しないようにする。

POINT❸
着地と同時に、マークマンに体を当てて
ボックスアウト。

+αで差がつく!

正面に跳ぶとファウルになりやすい

シュートに対して体がまっすぐ入ると、マークマンと接触しやすい。ディフェンスファウルをとられてしまうので注意が必要だ。正面にジャンプせず、斜めに角度をつけることでファウルを防げる。マークマンを避ける意識を持ってシュートチェックをしよう。

A ANSWER 距離を詰めてマークする フットワークを養う

CHECK POINT !
1 斜めと横の動きを繰り返す
2 走りながら腕を上げる準備
3 サイドステップは滑るように

マークにつく動きを覚えるディフェンス練習

パスを受けるなどしてボールマンとなった相手オフェンスに対して、ダッシュで間合いを詰めるテクニックをクローズアウトという。**低重心のディフェンスの基本姿勢を崩さずに素早く近寄り、両腕を上げることがポイント**。これにより、シュートを警戒しながらマークにつくことができる。

クローズアウトからマークにつく一連の動きを、練習でマスターする。ダッシュとクローズアウト、マークについてサイドステップで移動する動作を組み合わせて身につけよう。スピードをかけて大きく動くので、スタミナを養う効果もある。ディフェンスの形を体に覚え込ませながら、体力面も充実させよう。

POINT ① クローズアウトとサイドステップを組み合わせる

ダッシュからのクローズアウトとサイドステップで、ディフェンスの基礎を養う練習。①手前の角から、斜めにダッシュして対角線の角でクローズアウト。しっかりとストップすることが大切。②サイドステップで横方向に、反対サイドの角まで進む。③ターンして体の正面を進行方向に向ける。斜め方向にダッシュする。角でクローズアウト。④サイドステップでスタートポジションに戻る。

列を作ってひとりひとり練習する。コート半面で行えるので、逆側の半面でも別の組が練習できる。

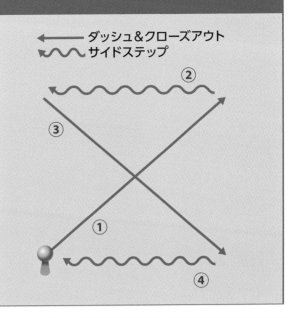

── ダッシュ&クローズアウト
〜〜〜 サイドステップ

② ③ ① ④

POINT ② 斜めにダッシュしながら クローズアウトの準備

斜め方向へ全力疾走でダッシュする。ストップする際には、前重心だと勢いを落とせないので、徐々に重心をやや後ろに動かして調整する。走りながら両腕を後ろに振りかぶり、クローズアウトでシュートに対応する準備。

POINT ③ サイドステップでは 進行方向に腕を伸ばす

クローズアウトからサイドステップに移行したら、進行方向側の腕を横、逆側の腕を前に出す。足を浮かさず、滑らせるようなフットワークで進むことがポイントだ。角まで進んだらターンして、対角線にダッシュする。

A ベースラインに押し込む
ANSWER 守備の練習をする

オフェンス役

オフェンス役

CHECK POINT！

1 オフェンス役を入れる
2 マネージャーがボールを持つ
3 スティックをマスター

4 場所を変えて練習
5 ディナイの動きも加える

ディフェンスのゲームシチュエーション練習

　ボールをインサイドに入れないようにすることが、ディフェンスの基本的な考え方。ゴールに近づけないように、ディフェンスする技術を磨こう。

　マークマンがパスを受けるのに反応し、クローズアウトするもドライブをしかけられた具体的なゲームシチュエーションを想定して練習に取り組む。この場面ではボールマン（マークマン）をベースラインへと押しやって、プレーの選択肢を削ぐのがディフェンスのセオリー。**サイドステップでコーナーへと誘導する動きをマスターしよう。**

　ドリブルをやめた相手に対してプレッシャーをかけるスティックのテクニックも、合わせて身につける。

オフェンス役がウィングの位置に一人（マネージャー）、コーナーにも一人（プレーヤー）入る。①ゴール下からウィングのオフェンス役に向かってダッシュしてクローズアウト。②スリーポイントラインに沿ってコーナーへサイドステップで進む。③コーナーのオフェンス役に対してスティック。終わったらコーナーのオフェンス役と交代する。

複数人で順番に練習する。ハーフコートを縦に分割した1/4コートでできるので、一面で同時に4組が練習できる。

ダッシュ＆クローズアウト
サイドステップ

① ② ③

POINT
② ウィングは
   ボールを持つ

ウィングに入るオフェンス役は、ボールを持つ。クローズアウトしてくるプレーヤーに対し、ボールを上下左右に動かす。プレーヤーはその動きに合わせて腕を伸ばす。このポジションはマネージャーが担い、固定すると良い。

POINT
③ コーナーで
   スティック

サイドステップでコーナーまで到達したら、オフェンス役に対してスティック。ドリブルをやめているためにプレーの選択肢が少ない相手に対し、間合いを詰めてプレッシャーをかける。パスを出させない意識で行う。

オフェンス役の位置を、トップとウィングに変更して練習するパターン。トップのオフェンス役はボールを持つ（マネージャー）。

①ゴール下からトップのオフェンス役に向かってダッシュし、クローズアウト。②サイドステップでウィングのオフェンス役の位置まで進む。③ウィングのオフェンス役に対してスティック。終わったらオフェンス役を交代する。さまざまなシチュエーションを想定することで、実戦での対応力が高められる。

ダッシュ＆クローズアウト
サイドステップ

オフェンス役を追加し、両サイドのウィングとコーナーに配置する。両ウィングはそれぞれボールを持つ（マネージャー）。

①ゴール下から同サイドのウィングのオフェンス役に対してダッシュ、ディナイで対応。②逆サイドのウィングのオフェンス役に対し、同じくディナイ。③逆サイドのウィングのオフェンス役に対し、クローズアウト。④サイドステップでコーナーへ移動。⑤コーナーのオフェンス役にスティック。終わったらオフェンス役を交代する。逆サイドでも同時に練習することができる。

ダッシュ＆クローズアウト・ディナイ
サイドステップ

PART 6
実戦テクニック

A ANSWER ボールの落下点に入り 高く跳んでキャッチする

POINT❶
シュートの跳ね返りに合わせて
落下点に入り、重心を落として
ジャンプの準備。

POINT❷
両足踏み切りで高くジャンプし、
ボールに近い側の腕を伸ばしてキャッチ。

外れたシュートをキャッチするリバウンド

リングから弾かれたボールをジャンプしてキャッチするリバウンドは、主にインサイドのプレーヤーが担うプレー。オフェンス・ディフェンス両面で重要なテクニックであり、リバウンド力のあるプレーヤーがいることでシューターが思い切り良くシュートできるなど、精神的にも好影響を及ぼす。

ゴール下の密集地帯でキャッチを成功させるには、より高い位置まで到達し最も早くボールに触れることがポイント。落下点に入って高くジャンプし、ボールに近い側の腕を伸ばす。ボールをとったら体に引き寄せ、両手でがっちりとつかむ。着地したらヒジを外側に張り、奪われないように守る。

CHECK POINT!
1 落下点を見極めて移動しヒザを曲げて跳躍に備える
2 腕を伸ばしてボールを最も高いところでキャッチする
3 着地と同時にヒジを張ってボールを奪われないようにする

POINT❸
両足で着地して重心を落とす。
ヒジをそれぞれ外側に張って
ボールを守る。

空中でキャッチしたボールを体に引き寄せ、
逆の手も添えてがっちりとつかむ。

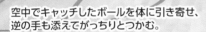

＋αで差がつく！

ボールを包むようにキャッチ

片手のキャッチでは、ボールを外側から包むよう
にとれることが理想。腕を伸ばしてボールに触
れたところで、巻き込むように手のひらを体の方
向に向ける。しっかりとボールをつかむことがで
きたら、ヒジをたたんで体の前に引き寄せる。
空中でも正確に動作できることが大切だ。

Q.36 ディフェンス時のリバウンドの注意点は？

A ANSWER オフェンスを抑えて有利なポジションをとる

POINT①
外側の足をマークマンの前に踏み込み、
その足を軸に反転する。

シュートが打たれるまでは、ディナイで
マークマンに対応するのがセオリー。

背中を当ててブロックするボックスアウト

　インサイドでディフェンスをするプレーヤーは、相手のシューターがシュートしたら、マークマンに対してボックスアウトをしかける。シュートに反応してターンし、マークマンに体の背面を密着させることで、リバウンドをとりやすいポジションに入るテクニックだ。相手の動きを封じる効果もある。

　肩と腕を使うことがポイントで、ゴール下に入れないようにブロックする。このとき目線はボールに向け、マークマンの動きは背中で感じる。横から抜けようとする相手には、ステップで対応してポジションをキープしよう。ボディコンタクトが激しくなりすぎるとファウルをとられるので注意。

90

POINT❷

体の背面をマークマンに密着させて
ブロック。目線でボールをとらえる。

POINT❸

シュートの軌道からボールの跳ね返りを予測し、
リバウンドをとりに行く。

+αで差がつく!

重心を落としてマークマンを抑える

ボックスアウトでは重心を落とし、尻をマークマンのモモに押し当てる。相手の動きを制限することができる。前に出ようとする動きに対しては、左右に開いた肩と腕を使ってブロックする。なおボックスアウトは、"ブロックアウト""スクリーンアウト"と呼ばれることもある。

A ANSWER 後方にステップしてから前に出る

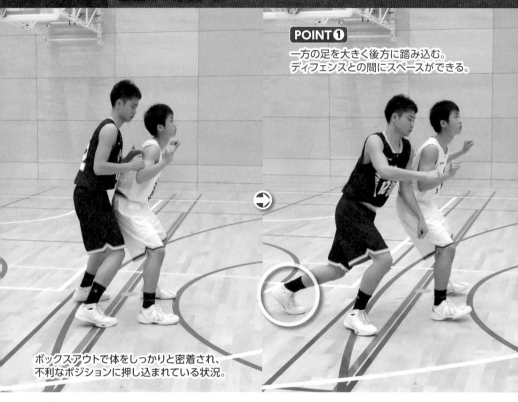

POINT❶
一方の足を大きく後方に踏み込む。
ディフェンスとの間にスペースができる。

ボックスアウトで体をしっかりと密着され、
不利なポジションに押し込まれている状況。

相手のバランスを崩すオフェンスリバウンド

　オフェンスリバウンドでは、ボックスアウトの突破が成功のカギを握る。ディフェンスに密着されている状況は、動きが制限されているため突破が難しく、強引に出ようとしてもブロックされてしまうだろう。

　ポイントは、あえて一歩引くこと。バックステップを入れることで、ディフェンスとの間にスペースが生まれる。**ゴールの方向を見ているディフェンスは、不意に体重を預ける対象を失ってバランスを崩す。**そのスキをついて、ワキから大きく前へとステップすれば、位置関係を逆転することができる。肩・腕も前に割り込むような動作で、左右に開いて効果的に使おう。

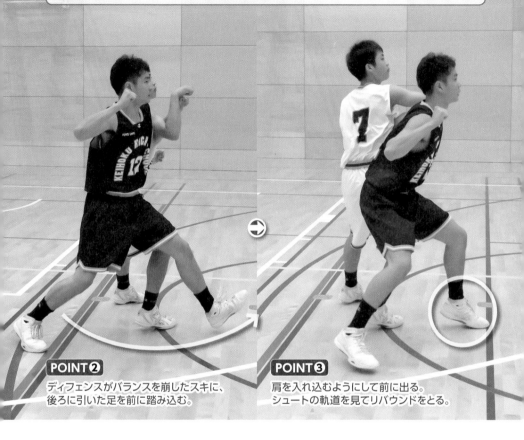

POINT 2
ディフェンスがバランスを崩したスキに、
後ろに引いた足を前に踏み込む。

POINT 3
肩を入れ込むようにして前に出る。
シュートの軌道を見てリバウンドをとる。

+α で差がつく!

バックターンで前に出る

後方へのターンを用いて、ディフェンスの前に出
るのもオフェンスリバウンドの方法のひとつ。ボ
ックスアウトされている状態から、一方の足を
軸にしてバックターンをしてかわす。ターンする
前に、逆方向へフェイントを入れてディフェンス
の重心を動かすとさらに効果的だ。

A ANSWER バンプから素早くターンしてパスを受ける

POINT❶
ゴール下にいるディフェンスに、
バンプをしかけてバランスを崩す。

POINT❷
フロントターンでゴールに背を向けて
体を密着させ、手を高く上げる。

インサイドでパスを受けられる状況を作るシール

　ゴールまで距離が近いインサイドのエリアは、ディフェンスが強くプレッシャーをかけてくる。パスを受けるためには、ディフェンスを体で抑えてパスを受けられる状況を作り出すシールの技術が不可欠だ。**ディフェンスに対してバンプをしかけてバランスを崩し、そのスキをついてフロントターンでゴールに背**を向ける。ディフェンスに体の背面を密着させ、ボックスアウトの要領で抑え込めばパスカットされることなくボールミートできる。

　腕は高く上げ、手のひらを開いてボールマンに向ける。パスを受けやすくするとともに、ディフェンスをブロックすることもできる。

POINT❸

ディフェンスから遠い位置でボールミート。
パスに飛びつくようにキャッチ。

低重心の姿勢でボールを胸の前で持つ。
ゴールとディフェンスに目を向ける。

＋αで差がつく！

腕が下がると抑え込めない

腕を構える位置が低いと、前に入り込まれてしまうので注意しよう。ヒジを肩よりも高い位置に上げて、手のひらをボールマンに向けることが大切。パスを要求しつつ、ディフェンスをブロックする。なおシールは、ゴール下はもちろんポストでも活用することが多いテクニックだ。

A ANSWER ３つの選択肢から効果的なチョイスをする

CHECK POINT !
1 ボールの側に走り込む
2 ボールと遠い側へ走り込む
3 走り込むと見せかけて戻る

ブラインドサイドカット

リターン

ボールサイドカット

基本となる3パターンのカット

　ボールを持っていないオフェンスプレーヤーが、パスを受けるために動くプレーを総じて"カット"という。得点を奪うためには効果的なカットが必要不可欠であり、**その基本としてボールサイドカット、ブラインドサイドカット、リターンの３つがある**。ディフェンスの動きを見て、これら３つの選択肢のうち

き、最も効果的なカットを判断できれば、マークを外して得点のチャンスを作り出せる。

　まずはトップのポジションを例にとって、それぞれの動作を理解しよう。ウィングにパスを出し、ポストからスクリーナーが上がってきている状況での、それぞれのカットの動作を解説する。

ボールのある側に走るボールサイドカット

コートを縦に半分に割ったときに、ボールのある側を"ボールサイド"という。ボールサイドカットは、ボールサイドからゴールへと走り込む動きだ。

カットする前に逆側へ踏み込み、対面するディフェンスが反応して重心を動かしたら、スクリーンを活かしてゴールへと最短ルートで向かう。

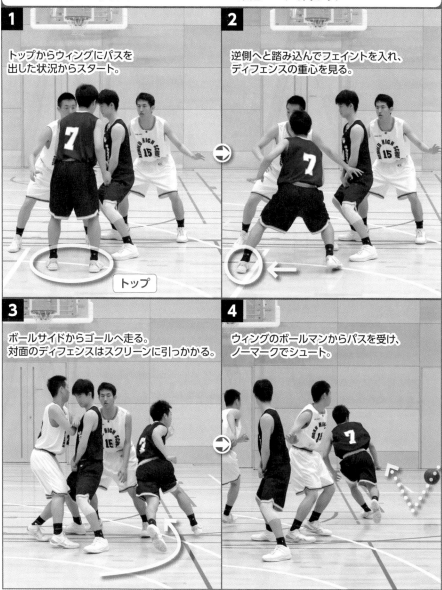

1 トップからウィングにパスを出した状況からスタート。

トップ

2 逆側へと踏み込んでフェイントを入れ、ディフェンスの重心を見る。

3 ボールサイドからゴールへ走る。対面のディフェンスはスクリーンに引っかかる。

4 ウィングのボールマンからパスを受け、ノーマークでシュート。

ボールサイドカットとは反対に、ボールから遠い側からゴールへと走り込むのがブラインドサイドカットだ。

ボールサイドへと一度踏み込んでディ

フェンスを揺さぶってから、背後をついてカットするのがセオリー。パサーは、ロングパスでボールミートからすぐシュートできる位置にパスを出す。

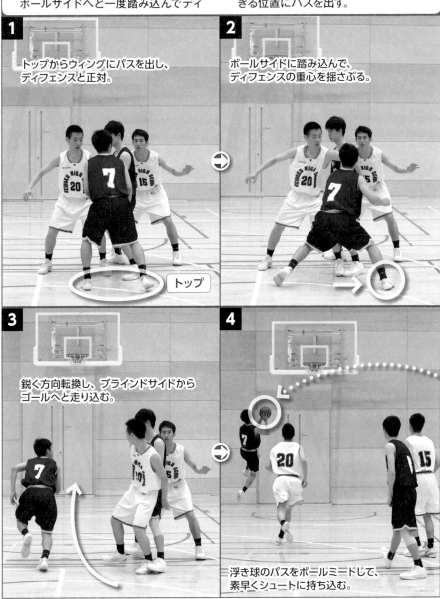

1
トップからウィングにパスを出し、ディフェンスと正対。

トップ

2
ボールサイドに踏み込んで、ディフェンスの重心を揺さぶる。

3
鋭く方向転換し、ブラインドサイドからゴールへと走り込む。

4
浮き球のパスをボールミートして、素早くシュートに持ち込む。

前に踏み込んでカットすると見せかけて、ディフェンスの重心が後ろに動いたところで元の方向に戻るのがリターンだ。大きな移動ではないものの、マークにつ

いているディフェンスとの間合いを広げる効果がある。

一瞬だがプレッシャーがなくなるので、ロングシュートを打つ余裕が生まれる。

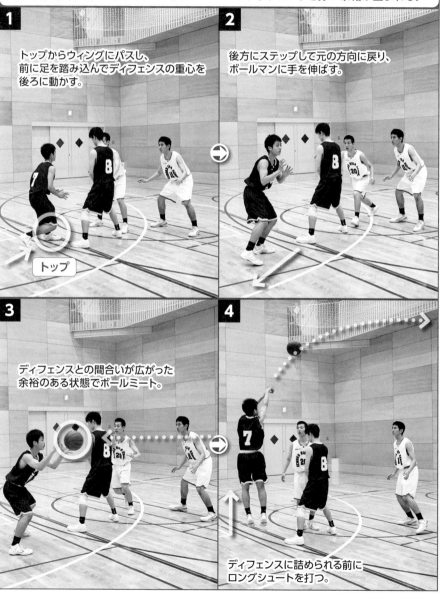

1 トップからウィングにパスし、前に足を踏み込んでディフェンスの重心を後ろに動かす。

トップ

2 後方にステップして元の方向に戻り、ボールマンに手を伸ばす。

3 ディフェンスとの間合いが広がった余裕のある状態でボールミート。

4 ディフェンスに詰められる前にロングシュートを打つ。

99

CHECK POINT!
1 インサイドのプレーヤーがスペースを作る
2 スペースへウィングのプレーヤーがカット
3 バウンズパスでつなぎシュートに持ち込む

ポストの上がりにウィングが連動するバックドア

単独のプレーヤーによる相手ディフェンス陣形の突破には限界がある。強豪チームは強固な守備システムで守ってくるので、高いレベルでは通用しないだろう。連携によるオフェンスパターンのマスターは必須で、その基本のひとつにバックドアがある。

インサイドのプレーヤーがローポストからハイポストへ動き、トップのボールマンがパスを出す。そのパスに連動してウィングが、インサイドのプレーヤーの背後からカット、パスを受けてシュートに持ち込む。**インサイドのプレーヤーの移動によって作り出したスペースに、ウィングが走り込んでゴールを狙うパターンとなる。**

POINT❶

トップから
インサイドへパス

ローポストのプレーヤーがハイポストへ走り、トップのボールマンがパスを出す。動きに合わせて、ボールミートしやすい位置にバウンズパスをコントロールする。

POINT❷

ポストの裏へ
ウィングがカット

ハイポストでのボールミートに合わせ、ウィングのプレーヤーがその背後へカットする。ポストのプレーヤーのカットによってできたスペースに、走り込むイメージで動作する。

POINT❸

カットに合わせて
後ろにパス

ハイポストのボールマンが、ウィングのカットに合わせて後ろへのバウンズパスでつなぐ。スピードを落とさずボールミートできるように、カットするプレーヤーの進む先へコントロールする。

パスを受けたプレーヤーは、すぐさまシュート。状況によっては、パスなどほかのプレーを選択しても良い。5人で行う場合は、逆サイドでもローポストからハイポストの動きを行う。

A
ANSWER アウトサイドから 2人が交差して走り込む

CHECK POINT!
1 パスを出すと同時にゴール下へカット
2 ウィングからもボールマンの正面にカット
3 状況判断してプレーを選択する

2つのパスコースから選択できるシザース

バックドアを発展させたオフェンスパターンのひとつにシザースがある。バックドアと同じくトップ、ローポスト、ウィングの3人のプレーヤーで行う。インサイドプレーヤーがローポストからハイポストに動いてパスを受けたら、パスを出したトップのプレーヤーがゴール下のスペースへとカットする。通過したとこ

ろでウィングのプレーヤーが連動して、ハイポストのボールマンの正面からカットする。

アウトサイドの2プレーヤーの交差するカットに対し、ボールマンは状況判断して、より得点しやすい方にパスを出す。 2つの選択肢を持って、攻撃をしかけられるパターンだ。

トップのボールマンが、ローポスト
からハイポストに移動してくるプレー
ヤーにパスを出す。ポストのプレー
ヤーがパスを受けに動くことで、イン
サイドにスペースが生まれる。

POINT❶

トップから
ゴールへカット

トップからゴール下のスペースへ
カット。ボールサイドから、ポスト
のプレーヤーを横切るようなイ
メージで走り込む。連動して、ウィ
ングからもカットをスタート。

POINT❷

続いてウィングがカット
ハンドオフでパス

ウィングからカットするプレーヤー
に、ボールマンがハンドオフ（手渡
し）でパス。必ずしもハンドオフ
である必要はないので、状況に合
わせて選択する。

POINT❸

ゴール正面に入り
シュートする

パスを受けたら、フリースローライ
ンのあたりでゴールと正対する
のがセオリー。素早くシュートモー
ションに入り、ミドルシュートを狙
う。状況によってはパスやドリブル
を選択しても良い。

A ANSWER ボールマンのマークを外してゴール下へ入る

スクリーン（ピック）

CHECK POINT!
1 インサイドから動いてスクリーン
2 スクリーンをかけたらゴールの方向にターン
3 ゴール下でパスを受ける

スクリーンからすぐさま方向転換するピック＆ロール

スクリーンは自分の体で、味方をマークするディフェンスの進路を遮断することでマークを外すプレー。数多くのパターンが考えられ、その基本のひとつにピック＆ロールがある。

主にインサイドのプレーヤーがしかけるパターンで、アウトサイドのボールマンをマークするディフェンスにスクリーン（ピック）をしかける。マークを外したところで反転（ロール）し、ゴールへと走り込む。**自分のマークを引き連れて味方のマークを足止めすることで、2人のディフェンスの意識がどちらもボールマンに集まる**ので、そのスキをついて自分がノーマークになってゴール下でパスを受ける。

ボールマンのディフェンスに
スクリーン

ポストから動いて、トップのボール
マンをマークするディフェンスにス
クリーンをかける。重心を落とし、
当たり負けしない姿勢をとる。両
腕は体につける。これをパワーポ
ジションという。

ボールマンはスクリーンを利用し
て横にドリブル。マークマンはボー
ルマンを追えないため、スクリー
ナー（スクリーンをかけたプレー
ヤー）のマークがボールマンに反
応。

POINT②

スクリーンをかけたら
ゴールへターンする

スクリーナーは反転してゴールに
体を向ける。ディフェンスの意識
がボールマンに集まっている状況
なので、マークがつきにくい。ゴー
ルの方向に腕を伸ばしてパスを要
求する。

POINT③

ノーマークで
パスを受ける

ノーマークとなったスクリーナーは
ゴール下へ入る。ボールマンから
のパスを受け、ノーマークでシュー
トを狙う。ヘルプがきた場合は、
フリーになっている味方のプレー
ヤーへとパスを出してチャンスを
活かす。

A ANSWER ジャンプのスピードを上げてリバウンドをとる

POINT①

ローポストで、次の順番を待つプレーヤーを
背にボックスアウト。

ゴール下へと
素早く入って踏み切る。

ジャンプの到達速度を高めるリバウンド練習

　リバウンドの競り合いでは当然ながら、高さのある方が有利だ。しかし、ジャンプにスピードがあればビッグマンに対抗することができる。**高さで劣っていたとしても、相手よりも早く最高点に到達できれば先にキャッチできる。**ジャンプと踏み切りまでの動作を、練習でスピードアップさせよう。

　ローポストでボックスアウトし、ゴール下に移動してジャンプ。ゴールリングにタッチし、着地したら逆サイドのローポストでボックスアウト。両ローポストに４〜５人ずつのプレーヤーが並び、３往復ほどしたところで交代して順番に練習する。高さのあるプレーヤーは両手でリングをつかむことを目標しよう。

CHECK POINT！

1 ボックスアウトの姿勢からリバウンドに行く
2 スピードのあるジャンプでゴールリングに触れる
3 左右のローポストをジャンプしながら往復する

POINT❷

スピードのあるジャンプで
ゴールリングにタッチして着地する。

POINT❸

反対のローポストでボックスアウトし、
同様にリングへジャンプに行く。

＋αで差がつく！

上半身でジャンプのスピードを上げる

腕を振って肩を使い、真上に向けて勢い良くジャンプすることで、最高点への到達スピードを上げることができる。高さのないプレーヤーは、ネットタッチでもOKだ。練習を積んでジャンプ力とスピードを鍛え、インサイドで貢献できるプレーヤーへと成長しよう。

ゴール下でパワフルにプレーするポジション

パワーとリバウンド力で貢献するビッグマン

　オフェンス・ディフェンスどちらの場面でも、ゴールの近くにポジションをとってプレーするのがセンターだ。番号では5番にあたり、高さのあるプレーヤーが担うことが多い。インサイドのオフェンスの要であり、リバウンド力がなければ務まらないポジションといえる。

　また、1対1でパワープレーができる能力も求められる。オフェンス面はもちろん、相手のセンターをしっかりと守ることができれば、センター対決で相手をガードして抑え込み、そのほかのプレーヤーがリバウンドキャッチを狙うなどの戦術もとれるようになる。屈強な相手にもパワー負けしない体作りをすることが大切だ。

　インサイドが主戦場ではあるものの、アウトサイドにも出てプレーできる能力があるとチームの新たな武器となる。ドリブルやシュートの能力も磨くべき。

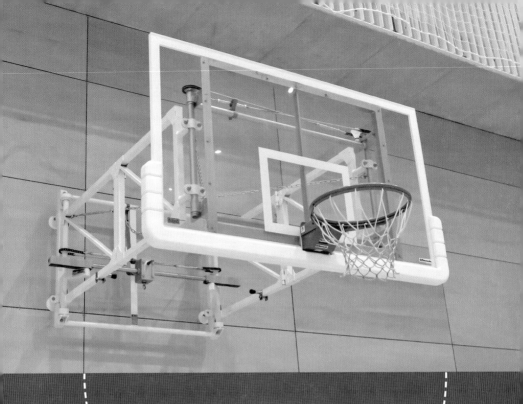

PART 7
部の運営

A
ANSWER
約束事と目標を決めて全体で共有する

CHECK POINT !
1. 約束事を決める
2. アドバイスに答えを出す
3. 目標を設定する

チームの基礎を話し合って決定する

チームを強い集団にするにはまず、約束事を作ることがポイント。「**常に100%でプレーする**」「**声を出す**」など、**チームを形作る基礎的な精神を部全体で共有する**。このとき、コート上のことに加え学校生活の過ごし方にも約束事を作る。生活面を真面目に過ごすことは、部活動の充実につながる。逆に授業に遅刻したり、人に迷惑をかける選手はコートで活躍できない。

次に、チームの目標を設定する。どのレベルを目指すのかを決めることで、達成に向けてモチベーションを持って取り組める。チーム作りのはじめには、「約束事」と「目標」の二点をチーム全体で話し合おう。

POINT ① 約束事を守ることでチーム・選手が成長する

バスケットボールは速く、激しい試合が展開される。そのなかで得点するためにはチーム全体が、ゴールに向けて全員で意思統一して協力できることが大切。部活動と学校生活の約束事を決めることは、チームプレーヤーとして勝利を目指す精神の基礎となる。

POINT ② アドバイスを受け止め考える習慣をつける

指導者や先輩からの指摘を聞き流すような選手は成長できない。「アドバイスには考えて答えを出す」ことを約束事にしよう。自分に何が求められているのかを思考し、応えようと努力すれば効率的に上達できる。チーム全体で徹底することで全体が底上げされる。

POINT ③ 長期・中期・短期の目標を設定する

チーム作りの最初に、最終的にどこを目指すか、そのためのチーム作りについての長期目標を決める。さらに、長期目標を軸に中期目標と短期目標も設定する。中期は大きな大会後の、次の大会に向けた課題克服。短期は試合直前の対策や準備となる。

長期目標	新チームのスタートで決めるチームの最終的な目標
中期目標	大会の間の期間に決める次の大会まで課題克服の目標
短期目標	次の試合を想定した具体的な対策・準備の目標

＋α で差がつく！

目標は選手が中心になって決める

目標設定は、選手のミーティングで決定する。指導者主導では、達成に向けてモチベーションを保ちづらいので、選手が中心になることが大切。長期目標の設定は、新人戦が終わったタイミングで行うと良いだろう。順位の結果や試合内容を、目標設定の参考にすることができる。

Q.45 スケジュールの組み方は？

A ANSWER 目標から逆算して スケジュールを組む

○一年間のスケジュール例

11月	上旬にある新人戦に向けてスターティングメンバーの決定、攻守の戦術の確認などをする。
12-1月	新人戦の結果を受けてチームの方向性を確認。
2月	上旬にある新人戦関東大会に向けて本格的なチーム強化をスタート。大会ではチームの仕上がりを確認し、方向性をさらに定めていく。
3月	上旬は学年末試験や卒業式があるので、体力や個人技術の練習中心。下旬頃に合宿を実施し、基本的なプレーと筋力の増強に取り組む。
4月	合宿で身につけた能力を基本に、個人・チーム両面で強化。下旬から関東大会予選がスタート。期間中は実戦練習を中心に行う。
5月	関東大会予選を振り返り、さらにレベルアップするための練習をする。関東大会までにチームの方向性を固める。
6月	上旬に関東大会。戦術面の練習に力を注ぐ。中旬からインターハイ予選がはじまるが、下旬に学校の試験があるので練習は短時間。一日ごとテーマを変えて集中的に練習する。
7月	試験後はインターハイでの対戦相手を想定した練習に取り組む。下旬から大会がはじまる。期間中は実戦練習を中心に行う。
8月	夏休みも通常通りに練習。チームの戦術の約束事を徹底する。下旬からは、上級生はチーム練習と個人技術の強化練習に取り組む。
9-10月	8月から引き続きチーム強化を進める。
11月	ウィンターカップ予選に向けて対戦相手の対策をする。中旬から予選がスタート。
12月	必要に応じて、さらにレベルの高い練習も導入すると良い。下旬のウィンターカップでチームの集大成を見せる。

部の目指すところに合わせて検討する

高校のバスケットボール大会では、夏に開催されるインターハイと冬に開催されるウィンターカップが2大タイトルとなる。これらを軸に、11月の新人戦の新チーム始動から一年間のスケジュールを組もう。**ポイントは、長期目標から**逆算して練習内容を検討すること。チームのレベルによって目指すところは変わってくるので、適したスケジュールを考えよう。ここでは、全国大会優勝を狙うレベルである京北高校のスケジュール例を紹介する。

POINT ❶ 試合を振り返り戦術を組み立てる

新年度からはインターハイまで試合が続くので、大会を通してチームの方向性や戦術をより固めていく。試合後、大会後には自分たちの戦いを振り返り、通用しなかった部分と通用した部分を検討して次に活かす。敗戦も糧として強化につなげられるようにしよう。

POINT ❷ 大会前には対戦相手を分析 想定した練習を取り入れる

大会にはしっかりと準備してのぞむ。対戦相手の映像を見て特徴を観察し、ビッグマンがいるならポストプレー対策をするなど、相手に合わせて試合で実践できるように練習する。練習でできないことは試合でもできないので、体に覚え込ませよう。

＋αで差がつく！

マークする相手のプレー傾向などを見る

対戦相手の映像を見る際には、チーム全体の動きに加えて自分とマッチアップする相手選手を観察する。ドライブの方向やテクニックの使い方、アウトサイドシュートの有無、プレー選択の癖などプレーの傾向をチェックする。ディフェンスのウィークポイントまで見抜けると試合で優位に立てる。

A
ANSWER
自己分析して課題を見つけ出す

マネージャーが各プレーヤーの
データをとり、チーム強化に役
立てる。

CHECK POINT！

1 ミス表を確認
2 課題を記入する
3 自主練習で克服

足りない能力を補ってレベルアップ

　能力を伸ばしていくためには、自己分析をして自分の能力を把握することが大切だ。**プレーヤーとしての特徴、強み、ウィークポイントなどがわかれば、補うべき要素が浮き彫りになる。**それを課題として練習で克服すれば、レベルアップにつながる。

　自己分析では、試合のプレーデータをとると良い。どのようなミスをしているかを試合を見ながら数え、数値にすれば課題が明確化する。マネージャーに集計を任せ、チームとしてデータをとれることが理想だ。さらに、課題がどこにあるのかを思考し、紙に書く方法も有効。文字にすることで、考えを整理することができる。

ミス表記入内容例
・リバウンドミス
・ドリブルミス
・パスミス
・キャッチミス
・ファウル

京北高校では、「ミス表」を作って試合ごとに各選手のミスの数をデータ化している。ファウルはもちろん、ドリブルやパス、リバウンドなどプレーを細かく分けて集計することで、そのプレーヤーの課題克服に役立つデータとなる。

POINT 課題をノートに記入し
② 成長に役立てる

日頃からノートを書く習慣をつけることが上達の秘訣。

大会終了後は、特に課題が浮き彫りになりやすい時期。次の大会に向け、大会を通してどのような課題が見つかったのかを、バスケットボールノートを作って記入する。ノートには課題に加え、練習内容や自分が感じたことも細かく記載して成長に役立てる。

POINT 自主練習に取り組み
③ 課題を克服する

個人の課題は、自主練習の取り組みのなかで克服するもの。課題が明確化しているので、より効率的な練習方法を考えられるだろう。指導者の目が届いていないところでの練習なので、ボディコンタクトのあるプレーは禁止してケガのリスクを回避する。

+αで差がつく!

部とチームの課題も挙げる

個人の課題に加え、部全体とチームの課題も部員全員が考えて挙げる。部の課題は、控えメンバーや下級生、マネージャーまで含めた全体を指し、主に規律や雰囲気について考える。チームの課題は戦術面や連携、細部の約束事などをチェックして挙げる。

115

Q.47 チームをまとめるには？

A ANSWER キャプテンと副キャプテンを決めてチームを引っ張る

キャプテンを中心に結束し、チーム力を高める。

CHECK POINT！
1 キャプテンを選んで集団をまとめる
2 人望・誠実さの持ち主に任せる
3 副キャプテンはサポート役

人間性を加味してキャプテンを選定

　強豪校となると、部員の数は数十人に及ぶ（京北高校男子バスケットボール部は約40人）。大人数をひとつの集団にするためには、まとめ役となるキャプテンを選ぶ必要がある。**重要な役割を担えるだけの人望や誠実さを持つ選手にキャプテンを任せることが大切で、技術や身体能力の高さだけで選んではな**らない。ふさわしい人間性の持ち主でなければ、選手だけでの練習で手を抜いたり、レベルが下がることがあるので注意が必要だ。

　キャプテン一人に全てを背負わせるのは負担が大きすぎるので、補佐役として副キャプテンをつける。部員数が多いチームなら2人は選抜したい。